H. Norman Wright

WENN ZWEI SICH GUT VERSTEHEN ...

Kommunikation – Der Schlüssel für eine glückliche Ehe

Das Problem Nummer eins vieler Ehen, so zahlreiche Fachleute für Familienfragen, ist weder Sex noch Geld, noch sind es Kinder – es ist mangelnde Kommunikation zwischen Mann und Frau. H. Norman Wright, praktizierender Eheberater, begründet die sprunghaft ansteigende Scheidungsrate mit diesem Phänomen. Mit praktischen, biblisch fundierten Ideen will er seinen Teil dazu beitragen, Kommunikation in der Ehe zu entwickeln und zu fördern.

H. Norman Wright

Wenn zwei sich gut verstehen...

Kommunikation – Der Schlüssel für eine glückliche Ehe

Verlag Schulte & Gerth

Die amerikanische Originalausgabe erschien
im Verlag Gospel Literature International, Rosemead, Kalifornien,
unter dem Titel „Communication: Key to Your Marriage".

Aus dem Amerikanischen übersetzt von Karl-Heinz Porombka.

Best.-Nr. 15 092
ISBN 3-89437-092-0
1. Auflage 1988
2. Auflage 1994
Foto: Tony Stone
Covergestaltung: Olaf Johannson
Satz: Typostudio Rücker & Schmidt
Druck und Verarbeitung: Ebner Ulm
Printed in Germany

Inhalt

Vorwort

Machen wir uns nichts vor: Seit einigen Jahren steht es nicht besonders um den Ruf der Ehe. Dieses einst so dauerhafte Bollwerk der Sicherheit, diese Bindung „bis daß der Tod uns scheidet" ist für viele ein flüchtiges Glücksspiel geworden, von keiner längeren Dauer als „bis wir uns scheiden lassen wollen".

Dieses Problem findet man gleichermaßen im außer- und im innerkirchlichen Bereich. Die Begeisterung und das Herzklopfen der jungen Liebe verflüchtigen sich in graue Routine: Arbeit, Kindererziehung und Fernsehen bis tief in die Nacht prägen den Alltag. Man quält sich durch das Leben, und unausweichlich nimmt das Verständnis füreinander ab, weil man sich immer weniger mitzuteilen hat. Viele Ehepaare haben einfach nicht gelernt, miteinander zu reden, um in dieser Zeit des häufigen Partnerwechsels und der Ehe ohne Trauschein auf einigermaßen festem Grund zu stehen.

Was ist zu tun? Besteht die Möglichkeit, daß Ehen besser oder gar überhaupt funktionieren? Wie steht es um das Ideal der sogenannten christlichen Ehe? Ist eine christliche Ehe heutzutage noch denkbar?

Es gibt eine Vielzahl von Büchern über Ehe und Eheprobleme. Dieses Buch soll über die Probleme hinaus mögliche Problemlösungen in Angriff nehmen. Daß echte Kommunikation zwischen Ehepartnern möglich ist, beweist Norman Wright seit Jahren in Seminaren, Kursen und auf Freizeiten – wann immer es ihm gelingt, verheiratete oder verlobte Paare zusammenzubringen.

Als praktizierender Eheberater hat Wright den Erfahrungshorizont und den Hintergrund, um als Fachmann über Eheprobleme zu sprechen; er weiß, daß die wahren Gründe dafür vielfach im Mangel an Kommunikation liegen.

Er ist einer der beliebtesten Professoren seines Seminars und ein in den Vereinigten Staaten gern gehörter Redner, der das pädagogische Spezialwissen über das Thema dieses Buches besitzt – die Kommunikation.

Eigentlich ist dieses Buch mehr als nur ein Buch. Es bietet praktische Hilfen für das Lernen, Anteilnehmen und Mitteilen. Sie lesen es nicht einfach nur durch, sondern treten mit ihm in einen Dialog ein (der sich dann hoffentlich mit dem Partner fortsetzt). Sie sprechen nicht mehr bloß über Kommunikation, sondern *praktizieren* sie tatsächlich; vielleicht zum ersten Mal im Leben.

Werfen Sie nicht nur einen kurzen Blick hinein, sondern vertiefen Sie sich mit Ihrer ganzen Person in die Problematik. Lassen Sie sich leiten von den Fragen und Anregungen in den Abschnitten „Ihre Meinung ist gefragt“ und „Wie wollen Sie vorgehen?“, die im Anhang kapitelweise angeordnet sind, und lassen Sie sich neue Impulse geben. Am wichtigsten ist jedoch, daß Sie sich mit Ihrem Partner intensiver, persönlicher und aufrichtiger *verständigen,* als das bislang der Fall gewesen sein mag. Kommunikation ist der Schlüssel auch zu *Ihrer* Ehe.

Fritz Ridenour

Einleitung

Hat die Institution „Ehe“ eine Zukunft? Einige Experten behaupten, daß Ehe, wie wir sie kennen, im Verschwinden begriffen ist. Angesichts der ständig steigenden bzw. gleichbleibend hohen Scheidungsrate betrachten viele Menschen die Ehe eher skeptisch. Selbst für Paare, die scheinbar „ausgezeichnet zueinander passen“, wird der Lebensbund mehr und mehr zu einem Wagnis.

Die Institution Ehe macht in der heutigen Zeit drei einschneidende Veränderungen durch:

1. Das Verständnis der Eheleute füreinander nimmt ab.
2. Der feste Wille, verheiratet zu bleiben, geht verloren.
3. Unrealistische Erwartungen an die Ehe gewinnen die Oberhand.

Mangelndes Verständnis füreinander und fehlende Kommunikation gehen Hand in Hand. Heutzutage fehlt vielen Ehepaaren die Fähigkeit, so miteinander zu kommunizieren, daß die Ehe dadurch an Halt und Festigkeit gewinnt. Eheliches Verstehen bedeutet nicht, daß es keine Meinungsverschiedenheiten gibt, sondern einfach, daß Sie und Ihr Partner in der Lage sind, über die verschiedenen Ansichten zu reden und so Verständnis füreinander zu entwickeln. Sie können akzeptieren, daß Ihr Partner anders erzogen worden ist als Sie und aus diesem Grund natürlich auch anders reagiert als Sie. Nur weil in Ihrem Elternhaus die Dinge auf eine bestimmte Art und Weise gehandhabt wurden, heißt das noch lange nicht, daß es in Ihrem neuen Heim auch so sein muß.

Zwei Menschen, die einander lieben, aber kein Verständnis füreinander aufbringen können, bereiten sich gegenseitig immer wieder Schmerzen. Verständnis fliegt einem nicht unbedingt zu, doch die Bereitschaft, Ansichten zu teilen, die „andere Seite der Medaille" zu betrachten, Probleme auszudiskutieren, kann dazu beitragen, daß sich Mann und Frau trotz ihrer Meinungsverschiedenheiten aufeinander einstellen.

Jemand hat diesen Anpassungsprozeß mit zwei Stachelschweinen verglichen, die in Alaska lebten. Als der Winter mit seinen heftigen Schneefällen kam, wurde ihnen kalt, und sie krochen eng zusammen. Wenn sie sich jedoch zu nahe kamen, stachen sie sich gegenseitig mit ihren Stacheln. Entfernten sie sich aber wieder voneinander, bekamen sie die bittere Kälte zu spüren. Um zu überleben, mußten sie also lernen, sich aneinander anzupassen.

Der feste Wille, verheiratet zu bleiben, geht heute vielerorts verloren. Mehr als nur einmal verheiratet gewesen zu sein, ist nicht mehr ungewöhnlich. Eine Frau, die ihre Bewerbungsunterlagen für eine neue Arbeitsstelle ausfüllte, stieß auf die Frage: „Verheiratet oder ledig?" Sie antwortete: „Zwischen zwei Ehen."

Viele gehen heutzutage eine Ehe mit der Haltung ein, daß, wenn es nicht klappt, sie die Beziehung abbrechen und eine neue beginnen können. Sie bringen keine Geduld für ihre Ehe auf. Sie wollen nicht von irgendeinem unbestimmten Zeitpunkt an „glücklich bis an ihr seliges Ende" leben, sondern dieses Glück sogleich genießen. Gelingt ihnen das nicht, steigen sie aus.

Zu viele junge Paare gehen die Ehe mit unrealistischen Erwartungen ein. Sie gehen davon aus, daß ihre Beziehung durch ein beständiges Hochgefühl romantischer Liebe bestimmt wird. Ein junger Erwachsener drückte das folgendermaßen aus: „Ich wünschte mir, daß in der Ehe alle meine Wünsche erfüllt würden. Ich suchte Geborgenheit, jemand, der sich um mich kümmerte, intellektuellen Antrieb, augenblickliche wirtschaftliche Sicherheit – aber so war es einfach nicht!" Man erwartet, daß es in der Ehe wie im Märchen zugeht.

Doch nicht Märchenzauber, sondern harte Arbeit macht eine Ehe funktionsfähig. Werden positive Resultate erzielt, so liegt das daran, daß zwei Menschen gemeinsam gleichzeitig immer nur einen Schritt miteinander gehen.

In einer eher zynischen Definition der Ehe heißt es, sie sei „das einzige Spiel, bei dem beide Mitspieler verlieren können". Ich finde aber, daß durchaus beide „Mitspieler" *gewinnen* können! Von ganzem Herzen stimme ich mit einem Autor überein, der schreibt: „Es gibt keine Ehe, die gewogen und nicht für zu leicht befunden wurde. In der Welt des zwanzigsten Jahrhunderts ist die wahre Ehe Ziel einer großen Sehnsucht, gewagt wird sie aber weitestgehend nicht."[1]

Und wie versuchen Sie, die „wahre Ehe" zu verwirklichen? Es wird Ihnen kaum helfen, die Gesellschaft um Hilfe anzugehen, da diese sich zwar mit dem Problem auseinandersetzt, sich aber hoffnungslos immer tiefer im Netz widersprüchlicher Werte und Ideen verstrickt. Die Gesellschaft sucht wohl nach Lösungen, wirft aber ihrerseits ständig neue Fragen auf.

Handelt es sich also um eine aussichtslose Angelegenheit? Keineswegs. Den Weg zu einer wahrhaft glücklichen Ehe, den die Gesellschaft nicht aufzeigen kann, finden wir bei Gott! Er hat der Ehe eine bestimmte Form verliehen, und wenn Mann und Frau sich daran halten, finden sie das Glück und die Harmonie, die sie sich wünschen.

Ein amerikanischer Autor erzählt die Geschichte zweier Flüsse, die gemächlich und ruhig dahinströmten, bis sie sich vereinigten. In diesem Augenblick schäumten sie auf und warfen sich gegeneinander. Weiter stromabwärts jedoch legten sich die Wogen des neu entstandenen Stroms, und er glitt wiederum gemächlich dahin, hatte aber an Breite, Majestät und Kraft gewonnen. Der Autor schreibt:

„Eine gute Ehe beginnt oft genauso. Zum Zeitpunkt der Vereinigung der beiden unabhängigen Daseinsströme kommt es voraussichtlich zu einer Konfrontation der verschiedenen Lebensweisen. Unterschiedliche Charaktere stürzen aufeinander ein, Vorlieben kollidieren, Ideen wollen sich durchsetzen, und Gewohnheiten wetteifern um Vorrechte. Wie bei Wellen wird oft meterhoher Gischt aufgewirbelt, der die Menschen atemlos fragen läßt, wo der anfängliche Liebreiz geblieben ist. Aber das ist normal. Aus dem Ringen gegeneinander kann sich – wie bei den beiden Flüssen – etwas Tieferes, Mächtigeres entwickeln, als zur Zeit ihrer Unabhängigkeit vorhanden war.“[2]

Zwei Christen haben die besten Voraussetzungen, eine glückliche Ehe zu verwirklichen, da sie von einem Dritten – Jesus Christus – unterstützt und gestärkt werden. Doch auch hier *muß* Kommunikation stattfinden – zwischen ihnen und ihrem Herrn und untereinander. Diesem Thema ist der Rest des Buches gewidmet. In der Tat ist Kommunikation – mit Christus und untereinander – der Schlüssel zu Ihrer Ehe.

KAPITEL 1

Was bedeutet das, „christliche" Ehe?

Wie würden Sie das Verheiratetsein beschreiben? Was assoziieren Sie, wenn Sie das Wort „Ehe" hören? Freude, Liebe, Glück, Seligkeit? Kummer, Haß, Enttäuschungen? Oder lediglich Langeweile und allgemeine Unzufriedenheit?

Definitionen von Ehe gibt es wie Sand am Meer, und viele gestehen ihr nur einen geringen Wert zu.

Meander, ein griechischer Komödiendichter, schreibt: „Die Ehe ist, will man bei der Wahrheit bleiben, ein Übel, wenn auch ein notwendiges."

Bei Montaigne, dem französischen Philosophen und Schriftsteller, findet sich folgende Definition: „Mit der Ehe verhält es sich wie mit einem Käfig: die Vögel außerhalb bemühen sich verzweifelt hineinzugelangen, und die drinnen wollen um jeden Preis heraus."

Was Sidney Smith, ein englischer Schriftsteller, über die Ehe schreibt, ist geistreich und von einer tiefen Weisheit durchdrungen: „Die Ehe ähnelt zwei Scherenschenkeln, die untrennbar miteinander verbunden sind. Sie bewegen sich zwar bisweilen in verschiedene Richtungen, bestrafen aber unweigerlich jeden, der zwischen sie gerät." (Siehe Anhang, *Ihre Meinung ist gefragt 1*).

Die Ehe – ein Vertrag mit Rücktrittsklausel?

Einige Psychologen, Eheberater und Theologen behaupten, bei der Ehe handele es sich um einen Vertrag; sie finden damit bei vielen rasch Zustimmung. Aber stimmt das wirklich? Handelt es sich bei der Ehe tatsächlich um einen Vertrag?

Jeder Vertrag enthält bestimmte Vorbehaltsklauseln. Bei einem Vertrag zwischen zwei Parteien, ganz gleich, ob Firmen oder Einzelpersonen, teilen die Partner sich die Verantwortung, ihren Teil der Vereinbarungen zu erfüllen. Das sind sogenannte Vorbehalts- oder „Wenn"-Klauseln. Wenn der eine dies und das tut, muß der andere dies und jenes tun und umgekehrt. Einer Ehe bzw. einer Hochzeitszeremonie fehlt jede Vorbehaltsklausel. Nirgendwo heißt es bei der Eheschließung: „Solange der Mann seine Frau liebt, gilt der Vertrag für die Frau" oder: „Solange die Frau ihrem Mann untertan ist, erfüllt der Mann den Vertrag." Die Ehe ist eine *vorbehaltlose* Verpflichtung, die zwei Menschen eingehen.

Die meisten Verträge enthalten Rücktrittsklauseln; sie besagen, daß bei Nichterfüllung der Vertragsbedingungen seitens einer Partei die andere ihrer Verpflichtungen enthoben ist. Wird die eine Person ihrem Teil des Handelns nicht gerecht, kann die andere aus dem Vertrag aussteigen. Die Ehe enthält keine derartige Rücktrittsklausel. (Siehe Anhang, *Ihre Meinung ist gefragt 2*).

Die Ehe – ein Miteinander, kein Gegeneinander

In dem Buch eines ordinierten Priesters, der als Eheberater tätig ist, heißt es: „Bei der Ehe handelt es sich um die gefühlsmäßige Verschmelzung zweier Persönlichkeiten zu einer funktionsfähigen Einheit, wobei jedoch die Individualität des einzelnen gewahrt bleibt. Die biblische Auffassung, die dahintersteht, findet sich in 1. Mose 2,24, wo es heißt, daß zwei ‚ein Fleisch' werden."

Der Autor vergleicht das Verhältnis in der Ehe weiter mit zwei Tonklumpen. Hielte man einen dunkelgrünen Tonklumpen in der linken und einen hellgrünen in der rechten Hand, so könne man die Farben deutlich voneinander unterscheiden. Würde man allerdings beide Tonklumpen zusammenkneten, so sähe man – auf den ersten Blick – lediglich ein grünfarbenes Stück Ton. Erst ein genaueres Untersuchen bringe die Farben der verschiedenen Tontöne an den Tag. Gleichermaßen verhalte es sich mit der Ehe – aus zwei Menschen werde scheinbar einer, doch der einzelne behalte die ihm eigene Individualität oder Persönlichkeit.[1] Zwei Menschen teilen sich ein neues Leben.

Die christliche Ehe jedoch ist mehr als die Verbindung zweier Menschen. Sie bezieht eine *dritte Person,* Jesus Christus, mit ein, die der Beziehung Sinn und Richtung verleiht. Nur wenn Jesus Christus einer Ehe vorsteht, kann man überhaupt von einer christlichen Ehe sprechen.

Verschiedene Autoren definieren den Begriff „christliche Ehe". Wayne Dates, Dozent an einem theologischen Seminar, schreibt: „Die Ehe ist ein Bund verantwortlicher Liebe, eine Gemeinschaft von Reue und Umkehr."

Der Mennonitenprediger David Augsburger leitet seine Ehedefinition mit der Frage ein: „Handelt es sich bei der Ehe um die private Handlung zweier Menschen, die sich lieben, oder um einen öffentlichen Akt, bei dem zwei Personen einen Vertrag schließen?" Er fährt fort: „Weder noch. Ehe ist etwas völlig anderes!

Im Grunde betrachtet das Christentum die Ehe weder als rechts- noch als sozialverbindlichen Vertrag. Der Christ versteht unter Ehe einen Bund, der im Angesicht Gottes und im Beisein von Mitgliedern der christlichen Familie geschlossen wurde. Ein solches Versprechen behält seine Gültigkeit nicht aufgrund der Macht der Gesetze oder der Angst vor Strafe, sondern einzig und allein aufgrund der Tatsache, daß ein vorbehaltloser Bund geschlossen wurde. Dieser Bund ist feierlicher, verpflichtender und dauerhafter als jeder Rechtsvertrag."[2]

Bei Dwight Small, einem erfahrenen Ratgeber und Autor verschiedener Ehebücher, heißt es: „Zwei Menschen teilen sich ein neues Leben."

Elton Trueblood, der mehrere Bücher zum Thema Nachfolge verfaßt hat, bezeichnet die Ehe als „ein System, das sündige und streitsüchtige Menschen dermaßen durch einen Traum und ein Ziel außerhalb ihrer Persönlichkeit fasziniert, daß sie sich trotz wiederholter Rückschläge jahrelang abmühen, den Traum zu verwirklichen."

Dr. David Hubbard, Fuller Theological Seminary, schreibt: „Die Ehe verlangt keine Vollkommenheit. Sie ist eine Einrichtung für Sünder; für andere kommt sie nicht in Frage. Sie erfüllt ihren Sinn, wenn Sünder sie als die Methode Gottes begreifen lernen, mit der er uns seinen elementaren Lehrplan der Liebe und Rechtschaffenheit vermitteln will." (Siehe Anhang, *Ihre Meinung ist gefragt 3*).

Die Ehe aus biblischer Sicht

Was hat Gott mit der Ehe beabsichtigt? Eine grundlegende Absicht besteht im *Zeugen und Gebären*. Nachdem Gott den Menschen zu seinem Bilde geschaffen hatte, sprach er: „Seid fruchtbar und vermehrt euch, und füllt die Erde, und macht sie euch untertan“ (1. Mose 1,28). Psalm 127,3-5 lehrt: „Siehe, ein Erbe vom HERRN sind Söhne ... Wie Pfeile in der Hand eines Helden ... Glücklich der Mann, der seinen Köcher mit ihnen gefüllt hat!“

Fortpflanzung schließt ein, daß man seinen Kindern die nötige Fürsorge schenkt und ihnen eine gute Ausbildung zukommen läßt. „Erziehe den Knaben seinem Weg gemäß“, heißt es in einem bekannten Vers aus den Sprüchen, „er wird nicht davon weichen, auch wenn er älter wird“ (Sprüche 22,6).

Doch bei der Ehe geht es um mehr als um Fortpflanzung und Kindererziehung. Aus 1. Mose 2,18-25 geht hervor, daß die Ehe eine Erfindung Gottes ist und daß er damit verschiedene göttliche Ziele verwirklichen wollte:

„Und Gott, der HERR, sprach: Es ist nicht gut, daß der Mensch allein sei; ich will ihm eine Hilfe machen, die ihm entspricht. Und Gott, der HERR, bildete aus dem Erdboden alle Tiere des Feldes und alle Vögel des Himmels, und er brachte sie zu dem Menschen, um zu sehen, wie er sie nennen würde; und genau so wie der Mensch sie, die lebenden Wesen, nennen würde, so sollte ihr Name sein. Und der Mensch gab Namen allem Vieh und den Vögeln des Himmels und allen Tieren des Feldes. Aber für Adam fand er keine Hilfe, ihm entsprechend. Da ließ Gott, der HERR, einen tiefen Schlaf auf den Menschen fallen, so daß er einschlief. Und er nahm eine von seinen Rippen und verschloß ihre Stelle mit Fleisch; und Gott, der HERR, baute die Rippe, die er von dem Menschen genommen hatte, zu einer Frau, und er brachte sie zum Menschen. Da sagte der Mensch: Diese endlich ist Gebein von meinem Gebein und Fleisch von meinem Fleisch; diese soll Männin heißen, denn vom Mann ist sie genommen. Darum wird ein Mann seinen Vater und seine Mutter verlassen und seiner Frau anhangen, und sie werden zu *einem* Fleisch werden. Und sie waren beide nackt, der Mensch und seine Frau, und sie schämten sich nicht."

Gott stiftete die Ehe zur *Gemeinschaft.* Treffend bemerkt John Milton, ein englischer Dichter aus dem siebzehnten Jahrhundert: „... die Einsamkeit war das erste, das Gottes Auge nicht gut erschien." Einsamkeit und Isolation stehen im Widerspruch zum Sinn der Schöpfertätigkeit Gottes. Der Mensch wurde erschaffen, um mit anderen in Gemeinschaft zu leben, und der erste der „anderen" war die Frau.

Gott stiftete die Ehe zur *Ganzheit.* Die Frau sollte dem Mann als Ergänzung oder Gegenstück zur Seite stehen, um das Leben ganzheitlich gestalten zu können. Sie füllt die leeren Felder im Leben des Mannes. Dadurch, daß sie ihr Leben mit ihm teilt, versetzt sie den Mann in die Lage, aus sich herauszugehen und den Kontaktbereich um ein Vielfaches zu vergrößern. Tatsächlich erfüllen die Ehepartner Gottes Plan der Lebensganzheit.

Gemeinschaft und Ganzheit der Ehe, wie sie Gottes Plan entsprechen, erwachsen aus der *Kommunikation,* wenn zwei Menschen den Tag miteinander teilen und den Sinn ihres gemeinsamen Lebens entdecken. Dwight Small meint dazu: „Das Kommunikationssystem ist das Kernstück der Ehe ... Doch kein Ehepaar beginnt sein Zusammenleben mit besonders gut entwickelter Verständigung. Sie entwickeln diese Fähigkeit erst allmählich durch die Erfahrungen ihres Miteinanderlebens."[3] In dem Maße, wie Mann und Frau lernen, sich offen und verständnisvoll über alles auszutauschen, wachsen eine erfüllende Gemeinschaft und das Bewußtsein von Ganzheit.

Die Ehe – eine neue Beziehung

Zwei Wörter werden in 1. Mose 2,24 besonders betont: *verlassen* und *anhangen. Verlassen* heißt soviel wie „fortgehen von", „entsagen", „eine Verbindung plötzlich auflösen, ehe man eine andere eingeht". Unglücklicherweise vollziehen die meisten Menschen diesen Bruch nicht. *Physisch* verlassen sie zwar ihr Elternhaus, bleiben aber *psychisch* weiterhin dort verhaftet. An die Stelle der Bindung an das Elternhaus sollte die neue Partnerbindung treten. Das heißt nicht, daß man seine Eltern weniger achtet oder ehrt, sondern vielmehr, daß man bereit ist, die kindliche Bindung an die Eltern aufzulösen und Verantwortung für einen Ehepartner zu übernehmen.

Anhangen bedeutet soviel wie „hängen an" oder „anhaften". Wenn ein Mann seiner Frau „anhängt", werden die beiden „ein Fleisch". Kurz und bündig beschreibt dieser Begriff die Einheit, Ganzheit und Beständigkeit, die Gott in der Ehe verwirklichen will. *Ein Fleisch* ist die wunderbare Umschreibung für einzigartiges Einssein, für die absolute Bereitschaft, in allen Lebensäußerungen ein Höchstmaß an Vertrautheit zu entwickeln, versinnbildlicht in der geschlechtlichen Vereinigung.

Die jüdischen Rabbiner lehrten, daß ein Mann rastlos sei, solange ihm die seiner Seite entnommene Rippe fehle, und daß eine Frau rastlos sei, bis sie wieder zum Mann zurückgekehrt sei, von dem sie ja stamme. Gegen all die Aufregung über die Frauenbewegung in den letzten Jahren steht hier majestätisch die biblische Sicht der Frau. Sie ist nicht das *Eigentum* des Mannes, sondern sein vollwertiger *Partner.*

Augustinus lebte im fünften Jahrhundert, doch was er damals von sich gab, paßt hervorragend in die hitzigen Diskussionen unserer Tage über die Rechte der Frau: „Hätte Gott gewollt, daß die Frau über den Mann herrschte, hätte er sie aus Adams Haupt genommen. Hätte sie seine Sklavin sein sollen, so hätte er sie aus seinem Fuß genommen. So nahm Gott aber die Frau aus seiner Seite, damit sie dem Mann eine Hilfe und seinesgleichen sei."

In einem seiner Bücher unterstreicht Dwight Small, daß die Bibel die Ehe durchgängig als Einrichtung mit gleichberechtigten Partnern betrachte. „Wahre Einheit", schreibt Small, „kann nur entstehen, wenn beide Partner denselben Rang und dieselbe Stellung haben. Die Frau, die aus der Seite des Mannes stammt, soll ihm zur Seite stehen, um jegliche Verantwortung mitzutragen und um in den Genuß eines jeglichen Rechtes zu kommen. Darum geht es."

Im weiteren muß Small allerdings zugeben, daß es kein leichtes ist, dieses Ziel zu erreichen. Der *Dialog* sei dazu notwendig. Er ist der Meinung, daß „ein Dialog stattfindet, wenn zwei Menschen einander offen ihr Lebensziel mitteilen, wenn sie so engagiert wie möglich am Leben des anderen teilnehmen".[4]

Aus 1. Mose 2,18-24 lassen sich drei christliche Auffassungen über die Ehe entnehmen:

1. Wie bereits erwähnt, soll die Ehe *ein Leben lang* andauern. Wenn zwei Menschen „ein Fleisch" werden, darf es keine Trennung, keine Spaltung geben, weil nicht wiedergutzumachender Schaden entsteht.
2. Die Ehe ist als *Einehe* gedacht. Man findet zwar Bei-

spiele für die Vielehe in der Bibel, doch handelt es sich in diesen Fällen um menschliches Handeln und nicht um das, was die Bibel als recht und billig lehrt. Auch hier bedeutet „ein Fleisch" eben *ein* Fleisch. Ein Mann kann nicht mit mehreren Frauen „ein Fleisch" werden und dennoch an der biblischen Bedeutung dieses Begriffs festhalten.

3. Eine christliche Ehe erfordert *Treue*. Dem Moralbegriff der heutigen Zeit nach darf ein Mann mit so vielen Frauen „ein Fleisch" werden, wie er möchte. Unzucht und Ehebruch gelten als „gesunder" Zeitvertreib, der den Horizont erweitert und die Beziehungen vertieft.
   Gott dagegen beschreibt die Ehe als eine tiefe, dauerhafte Beziehung, eine Partnerschaft zwischen Mann und Frau, die beiderseitige Bereicherung, Glück und Wohlergehen mit sich bringt. Ehebruch ist gleichsam das Messer im Rücken der Ehe. Die Verfechter der „neuen Moral" denken sich alle möglichen Entschuldigungen für Unzucht und Ehebruch aus. Ihre „Brezelmoral", wie wir sie nennen möchten, verdreht Tatsachen, gesunde Prinzipien des menschlichen Zusammenlebens und Verantwortung; zumindest in einigen Fällen wird Untreue dabei als „situationsbedingte Notwendigkeit" bezeichnet.

In einem anderen Buch schreibt Dwight Small:

„Nicht die christliche Ehe scheitert, sondern die Menschen, die sie führen. Zwischen beiden Möglichkeiten besteht ein gewaltiger Unterschied. Wenn also die Ehe zweier Christen scheitert, gibt es dafür zwei Gründe: entweder haben sie den Plan Gottes nicht erkannt, oder aber sie wollten ihn für sich nicht annehmen."[5]

Von Anbeginn der Welt hat Gott seinen Willen kundgetan. Bereits im zweiten Kapitel des ersten Mosebuches steht geschrieben, daß die Ehe die *völlige* Hingabe des *ganzen* Menschen für die Dauer des *ganzen* Lebens ist.

Das sind die Mindestvoraussetzungen für eine christliche Ehe. Wenn Mann und Frau zusammenkommen, indem sie auf Gott vertrauen und sich über den vollen Sinn ihres Lebens austauschen, muß ihnen die Ehe einfach gelingen. (Siehe Anhang, *Wie wollen Sie vorgehen? 1*).

KAPITEL 2

Wer hat das Sagen?

Heutzutage herrscht Verwirrung in bezug auf Rolle und Verantwortung der Ehefrau-Mutter und des Ehemann-Vaters. Wer ist das Familienoberhaupt? Muß es eigentlich ein Familienoberhaupt geben?

Stellen Sie sich vor, ein Marsmensch landet mit seinem Raumschiff in Ihrem Vorgarten. Er verläßt seine Rakete und klingelt bei Ihnen. Nachdem eines Ihrer Kinder die Tür geöffnet hat, sagt der Marsbewohner: „Bring' mich zu deinem Führer." Zu wem würde das Kind gehen? Zum Vater, zur Mutter? Zu beiden? Oder würde es vielleicht antworten: „Ich bin der Führer!" Wer also ist bei Ihnen das Familienoberhaupt?

Über die Untauglichkeit männlicher Führerschaft sind eine Vielzahl Witze und Geschichten im Umlauf. Wer kennt nicht die Aussage, daß hinter jedem erfolgreichen Mann eine verständnisvolle und hilfreiche Frau stecke? Ein Autor wandelt dieses Sprichwort ab: „Quatsch! Hinter jedem erfolgreichen Mann steckt eine ehrgeizige Schwiegermutter!" Derartige Scherze wollen zwar geistreich sein, sind in mancher Familie aber schmerzliche Realität.

„Er prahlt, daß er zu Hause die Hosen anhat, doch ist das nicht seine einzige Lüge."

„Wenn sie ihn nach seiner Meinung fragt, gibt sie sie ihm, aber wie!"

„Er macht den Mund nur auf, um zu fragen, wo Schürze und Staubsauger zu finden sind."

Sie fährt ihn an: „Bist du ein Mann oder eine Maus? – Sag' schon!"

„Wäsche waschen oder sie aufhängen, das war die letzte große Entscheidung, die er bei ihr fällen durfte."

Heutzutage scheint sich ein neues Ehemann-Vater-Bild durchzusetzen. Grundsätzlich übernimmt der Mann die Versorgerrolle in der Familie (doch auch hier zeichnet sich bereits ein Umbruch ab!) und überläßt alle anderen Aufgaben der Frau. In einigen Bereichen, die einst ihrer Verantwortung unterstanden, sind viele Männer anscheinend zu Gehilfen ihrer Frauen geworden. Nachdem man am Anfang der Ehe Interessen und Verantwortung miteinander teilte, setzt irgendwann die Spezialisierung ein. Der Mann, den seine Arbeit (die wirtschaftliche Seite des Lebens) voll in Anspruch nimmt, vernachlässigt nach und nach die anderen Verantwortungsbereiche. Die Frau fühlt sich genötigt, das entstandene Vakuum auszufüllen und die Leitung zu übernehmen.

Ein weiterer Faktor, der beträchtlich zu der modernen „Leitungslücke" beiträgt, ist die Überzeugung eines Großteils der Familien, daß sie „echte Demokratie" leben können. Jedes Familienmitglied einschließlich der Kinder hat eine gleichberechtigte Stimme. Ist das richtig so? Lehrt das die Bibel? Da eine definitive Leitung fehlt, sind viele sogenannte „christliche" Familien vom Zerfall bedroht. Sie bewegen sich auf unsicherem Grund, weil sie bewußt die in der Bibel niedergelegten Richtlinien ignorieren. (Siehe Anhang, *Ihre Meinung ist gefragt 4*).

Die Aufgaben der Frau aus biblischer Sicht

In Epheser 5,22-33 findet sich die klarste biblische Definition der Rollenverteilung in der Ehe. Die Verse 22 bis 24 widmet Paulus besonders der Frau und ihren Verpflichtungen dem Mann gegenüber:

„Ordnet euch einander unter in der Furcht Christi, die Frauen ihren Männern als dem Herrn! Denn der Mann ist das Haupt der Frau, wie auch der Christus das Haupt der Gemeinde ist, er als des Leibes Heiland. Wie nun die Gemeinde sich dem Christus unterordnet, so auch die Frauen ihren Männern in allem."

1. Mose 2,18-20 lehrt, daß die Frau als „Gehilfin" geschaffen wurde, die dem Mann als Ergänzung zur Seite stehen soll. Tatsächlich trägt die Frau für den Mann zur Erfüllung seines Lebens bei.

Epheser 5,22-24 lehrt, daß die Frau sich dem Mann „unterordnen", ihm „untertan" sein soll. Wie sind diese beiden Vorstellungen miteinander zu verbinden? Wie kann die Frau die „Vollenderin" ihres Mannes und ihm zugleich untertan sein? Was bedeutet das in der Praxis?

Zunächst sei gesagt, daß die Unterordnung einer Frau unter ihren Mann ein freiwilliger Akt der Liebe ist, den weder Zwänge noch Furcht diktieren. Die Gemeinde ordnet sich Christus als Antwort auf seine Liebe freiwillig unter. Aus demselben Grund sollte eine Frau ihrem Mann untertan sein.

Was aber bedeutet das, sich unterordnen? Es bedeutet nicht, daß sie zum „Fußabtreter" wird. Zwar steht in der Bibel das Wort „unterordnen", doch ist damit keineswegs ein „Sich-Verkaufen" gemeint. Durch ihren Ehemann soll die Frau nicht zu einem Nichts, einer bloßen Schachfigur degradiert werden. Im Gegenteil:

Sie behält ihre unverwechselbare Persönlichkeit mit dem Recht auf eigene Ideen und Gefühle. Die Frau ist keine Sklavin, sondern ein Mensch mit ausgeprägtem Charakter und eigenen Bedürfnissen. Ebenso wie der Ehemann muß sie Verantwortung übernehmen und Entscheidungen treffen.

Hält man sich an die biblischen Richtlinien, gibt es in der ehelichen Beziehung weniger Reibereien. Die Straßenverkehrsordnung hilft einem Autofahrer, möglichst gefahrlos und unfallfrei von einem Ort zum anderen zu gelangen. Diese Aufgabe übernehmen in der Ehe die biblischen Richtlinien, die das Paar darin unterstützen, eine glückliche, dauerhafte Beziehung aufzubauen. Einer dieser Leitgedanken sagt, daß die Frau sich der Führung des Mannes unterordnen soll, und das nicht, weil der Mann es verlangt, sondern weil Christus sie durch sein Wort dazu auffordert. Mangelnde Unterordnung ist ebenso ein geistliches Problem wie ein Eheproblem!

Die Frau ermutigt und bestärkt den Mann in seiner Führungsrolle und versucht *nie,* diese an sich zu reißen oder sie abzuschaffen. Eine Frau soll ihren Mann achten und seiner Leitung zustimmen.

Bei Dwight Small ist zu lesen, daß „beide aktiv an der Beziehung mitarbeiten ... Jede Anmaßung von Überlegenheit/Unterordnung ist dabei für alle Zeit ausgeschlossen." Paulus bekräftige die Gültigkeit des Prinzips der „persönlichen gegenseitigen Abhängigkeit" in der Ehe.[1]

„Gott überträgt dem Ehemann die Leitung", schreibt eine Autorin. „Tatsächlich macht er den Mann für den Sündenfall verantwortlich (‚wie durch einen Mann die Sünde in die Welt gekommen ist'; ‚und Adam wurde nicht betrogen, die Frau aber wurde betrogen'). Jetzt ist der Mann das Haupt der Frau. Gott sagt zu ihr:

‚Mach' es ihm nicht zu schwer. Hilf ihm dabei, das zu sein, wozu ich ihn berufen habe. Unterstütze ihn in seiner Rolle, und trachte nicht selbst nach der Leitung.' Das wiederum heißt nicht, daß die Frau niemals selbständig denkt, niemals anderer Meinung ist usw. Es heißt, daß ihr Geist sich vom Geist Gottes leiten läßt. Sie hat es nicht nötig, ihren Wert zu beweisen, indem sie die Arbeit ihres Mannes an sich reißt."[2] (Siehe Anhang, *Ihre Meinung ist gefragt 5*).

Die Aufgaben des Mannes aus biblischer Sicht

In Epheser 5,25-32 befaßt sich Paulus besonders mit den Verpflichtungen des Mannes:

„Ihr Männer, liebt eure Frauen, wie auch der Christus die Gemeinde geliebt und sich selbst für sie hingegeben hat, um sie zu heiligen, indem er sie reinigte durch das Wasserbad im Wort, damit er die Gemeinde sich selbst verherrlicht darstellte, die nicht Flecken oder Runzel oder etwas dergleichen habe, sondern daß sie heilig und tadellos sei. So sind auch die Männer schuldig, ihre Frauen zu lieben wie ihre eigenen Leiber. Wer seine Frau liebt, liebt sich selbst. Denn niemand hat jemals sein eigenes Fleisch gehaßt, sondern er nährt und pflegt es, wie auch der Christus die Gemeinde. Denn wir sind Glieder eines Leibes. ‚Deswegen wird ein Mensch Vater und Mutter verlassen und seiner Frau anhangen, und die zwei werden ein Fleisch sein.' Dieses Geheimnis ist groß, ich aber deute es auf Christus und die Gemeinde."

In Epheser 5,23 lesen wir, daß der Mann das Haupt der Frau sei. Unglücklicherweise überlesen viele Männer den zweiten Teil des Satzes, der da lautet „wie auch der Christus das Haupt der Gemeinde ist". Zwar wird dem Mann die Autorität verliehen, doch Paulus wollte damit nicht sagen, daß Ehemänner die Herrscher über ihre Frauen sind. Haupt zu sein bedeutet nicht, Sieger zu sein. Der Ehemann bestimmt die Gangart in seiner Eigenschaft als Führer, ist aber für den Einsatz seiner Autorität stets Gott gegenüber verantwortlich.

In dem Maße, wie der Mann sich Christus unterordnet, verwandelt dieser seine Autorität in aufopferungsvolle Fürsorge. Die Grundwahrheit, die wir der zitierten Stelle aus dem Epheserbrief entnehmen können, ist *nicht* Gewalt und Beherrschung, sondern aufopferungsvolle Liebe für die Ehefrau. Nirgends wird dem Mann das Vorrecht eingeräumt, mit eiserner Faust zu herrschen. Er darf der Frau nicht seinen egoistischen Willen aufzwingen, nicht ihre Gefühle ignorieren, nicht die Leiterschaft für sich fordern. Die Bibel sagt nichts darüber aus, daß Jesus Christus die Gemeinde beherrscht oder ihr Vorschriften macht. Indem er sie liebte und ihr diente, hat er sich für die Gemeinde hingegeben. *Diesem Vorbild sollen die Männer folgen, indem sie ihre Frauen lieben.* Ein Mann, der das nicht tut, wird neben seinem geistlichen Problem (Ungehorsam dem Wort gegenüber) bald auch Probleme in seiner Ehe haben.

Ein liebender Ehemann ist bereit, alles daran zu setzen, seiner Frau ein erfülltes Leben zu schenken. Wenn es ihr zustatten kommt, bringt er gern Opfer. Zuallererst ist der Mann für die Frau verantwortlich, und seine Liebe zu ihr versetzt ihn in die Lage, sich ihr ganz zu geben.

Die reine Liebe des Mannes verlangt von der Frau niemals Dinge, die sie erniedrigen oder verletzen würden. Die Liebe, die er für seine Frau empfindet, vergleicht die Bibel mit der Liebe zu seinem eigenen Körper, den er sorgsam hegt und pflegt. Ein liebender Gatte wird sich davor hüten, von seiner Frau Dienstleistungen zu erwarten bzw. sein körperliches Wohlergehen an die erste Stelle zu setzen. Er betrachtet seine Frau nicht als eine Art Dienstmädchen in Dauerstellung, das sich nur um die Wäsche, das Essen und die Kinder kümmert, sondern als einen Menschen, dem er aktiv liebevoll zugetan ist. Fürsorgliche Liebe ist dienende Liebe. Um dieses Ziel zu erreichen, kann der Ehemann sich die fürsorgliche Liebe Christi zur Gemeinde zum Vorbild nehmen. (Siehe Anhang, *Ihre Meinung ist gefragt 6*).

Und wie geht es weiter?

Bitte denken Sie daran, die oben beschriebenen Wahrheiten *ganz persönlich und spezifisch* auf sich zu beziehen, wenn Sie Epheser 5,22-33 lesen. Beschäftigen Sie sich nicht mit der Rolle Ihres Partners, sondern konzentrieren Sie sich auf Ihre *eigene Verantwortung* in der Ehe gemäß dem Wort Gottes. Nur allzu gern beziehen wir die Dinge, die in der Bibel stehen, auf jemand anders, da ein persönlicher Bezug uns gefährlich nahe erscheint. In Epheser 5 nämlich ist Paulus uns „gefährlich nahe". Einige Ehefrauen zum Beispiel reagieren auf diese Lehre des Paulus, indem sie sagen: „Ich will meinem Mann untertan sein, wenn er seinen Teil erfüllt und mich so liebt, wie ich geliebt werden möchte."

In Epheser 5,21-24 jedoch steht nichts dergleichen geschrieben, sondern Paulus sagt ausdrücklich: „Vergiß, was der Mann tun soll, und kümmere dich um deine eigene Verantwortung. Gründe dein Denken und Handeln nicht auf die Haltung: wenn mein Mann etwas tut, tue ich auch etwas. Vielmehr sollte dein Denken und Handeln aus dem Gehorsam und der Hingabe an Christus erwachsen, der die Mitte deiner Ehe bilden sollte."

Dasselbe gilt natürlich auch für Ehemänner, denn einige gehen hin und leiten von der Lehre des Paulus ab: „Ich bin der Herr im Haus. Meine Frau hat mir zu gehorchen. Ich habe die Schrift auf meiner Seite."

In Epheser 5,22-33 betont Paulus jedoch keineswegs die *Autorität* des Mannes über die Frau. Statt dessen unterstreicht er die *Verantwortung* der hingebungsvollen Liebe zu seiner Frau. Als ein Meister der Beispielkunst erinnert Paulus den Ehemann an die Liebe zu seinem eigenen Leib. Liebt er seine Frau in derselben Weise? Christus liebte seinen „Leib", die Gemeinde. Er gab das Beispiel, dem der Mann folgen soll.

Als Ehemann fordern Sie keinen Gehorsam; Sie befehlen Ihrer Frau nicht, Ihre Autorität zu achten. Sie sagen nicht: „Sei nur untertan und gehorsam, *dann* will ich dich lieben, wie es in der Bibel geschrieben steht." Statt dessen bemühen Sie sich, Ihrer Verantwortung gerecht zu werden, Liebe zu zeigen. *Sie lassen Ihrer Frau die Freiheit, sich dafür zu entscheiden, Ihnen untertan zu sein.* Nach Paulus liegt die Ergebenheit in ihrer Verantwortung, nicht der Ihren. Wenn Ihre Frau Ihnen untertan ist, erwidert sie freudig und aus freien Stücken Ihre Liebe, eben *weil sie sich geliebt weiß.*

In Epheser 5,33 faßt Paulus seine Lehre noch einmal mit einem Satz zusammen: „Jedenfalls auch ihr – jeder von euch liebe seine Frau so wie sich selbst; die Frau aber, daß sie Ehrfurcht vor dem Mann habe." Das ist das Fundament für eine wahrhaft glückliche Ehe. Werden Sie Ihrer Verantwortung gerecht, und lassen Sie Ihrem Partner die Freiheit, auch seiner Verantwortung gerecht zu werden. Auf dieser Grundlage läßt sich eine

Ehe aufbauen, in der die Partner frei und ehrlich miteinander reden können. Gute Kommunikation läßt keine Führungslücke offen. In der Weise, wie Mann und Frau ihre von der Bibel vorgegebenen Rollen erfüllen, verflechten sich Liebe und Ergebenheit, so daß eine Atmosphäre des Vertrauens und der Sicherheit entsteht, in der beide Partner dem Plan Gottes entsprechend reifen und wachsen können. (Siehe Anhang, *Wie wollen Sie vorgehen? 2*).

KAPITEL 3

Wie wollen Sie Ihre Ehe anpacken?

Epheser 5 sagt es deutlich: Der Ehemann soll seinem Haushalt liebevoll vorstehen und seine Frau ihm liebevoll untertan sein. Wie aber kann man diese großartigen Leitsätze in die realen Alltagssituationen umsetzen? Wie steht es zum Beispiel um die zahlreichen Entscheidungen, die jeden Tag anliegen?

Ein Fachmann für Familienfragen schreibt dazu:

„Oft sind die Aufgaben von Mann und Frau in der Familie nicht klar gegeneinander abgegrenzt. Infolgedessen kommt es zu einem Durcheinander bei den Fragen der Zusammenarbeit, der Arbeitsteilung und des jeweiligen Anteils an der Autorität. Ein Ehegatte tritt mit dem anderen in Wettstreit und hat Angst, übervorteilt zu werden. Jeder täuscht dem anderen gegenüber größere Fähigkeiten vor und weiß doch, daß dem in Wirklichkeit nicht so ist. Stehen aber Entscheidungen an, schiebt einer dem anderen die Verantwortung zu, um sich zu drücken. Der Konkurrenzkampf vermindert die Zuneigung zueinander, verzerrt das Miteinander, beeinträchtigt die beiderseitige Unterstützung und Anteilnahme und läßt die persönlichen Bedürfnisse unerfüllt. Tatsächlich nimmt die vernünftige Zusammenarbeit ab; an ihre

Stelle treten Gezänk und gegenseitige Beschuldigungen.
Da der Vater sich einen Großteil des Tages außer Haus befindet, nimmt die Mutter hier die bestimmende Stellung ein.
Der Vater strengt sich gewaltig an, um als Mann erfolgreich zu sein. Sein Bemühen wurde mit dem Begriff „selbstmörderischer Männlichkeitskult" treffend belegt. Um seinen Wert zu beweisen, genügt es nicht, ein Mann zu sein; er muß zum Supermann werden. Vielleicht geht er seiner Tätigkeit in einem riesigen Konzern nach, oder aber er versucht, sich als Einzelkämpfer im Dschungel des modernen Wettbewerbs durchzusetzen. Je größer sein Erfolg, desto größer auch die Furcht zu versagen. Mit seinen Arbeitssorgen beladen, kommt er nach Haus. Da seine Kräfte erschöpft sind, reicht seine emotionale Stärke nicht aus, seiner Frau und seinen Kindern die notwendige Zuwendung zu zeigen.
Er möchte sich für den folgenden Tag stärken lassen, muß aber feststellen, daß seine Frau von ihrem eigenen geschäftigen Leben ganz in Anspruch genommen wird. Die Tatsache, daß seine Frau ihm so wenig Verständnis entgegenbringt, erfüllt ihn mit Zorn und macht ihn einsam. Sie wirft ihm vor, seine Verantwortung in der Familie nicht richtig wahrzunehmen, und verlangt mehr Rücksicht auf sich und die Kinder. Die Schuldgefühle, die sie wegen ihrer Schwierigkeiten mit den Kindern entwickelt, verleugnet sie und projiziert sie auf den Vater. Der sucht nun seinerseits bei sich und meint, es liege in der Tat an ihm. Trotz seiner Verwirrung und seines Zorns beschwichtigt er die Mutter, da er sie braucht, und um ihre Gunst zu gewinnen, versucht er, sich nützlich zu machen.
Das führt dazu, daß beide Elternteile sich unnatürlich

verhalten. Argwöhnisch betrachten sie jede offene Gefühlsregung, weil sie sie für Schwäche halten. Man denkt, es sei gefährlich, seinen Gefühlen freien Lauf zu lassen, als ob alle Gefühle mit etwas Schlechtem oder Schädlichem gleichzusetzen seien. Aus Angst, die Kontrolle zu verlieren, nimmt man sich an die Kandare. Man vermeidet bzw. ignoriert zärtliche Anwandlungen, da sie als Schwäche ausgelegt werden und den Verlust der Kontrolle nach sich ziehen können. Von daher wird das Verhalten beider Elternteile übertrieben beherrscht und gezwungen und verliert an Lebendigkeit. Beide fühlen sich furcht- und schuldbeladen, werden von Zweifeln geplagt. Sie fürchten sich vor dem Leben und haben ihre Begeisterung für Spielereien und ihr Gefühl für Abenteuer verloren. Sie entwickeln einen festgefügten Lebensstil, der sich durch sichere, angepaßte Routine auszeichnet. Nach Kräften bemühen sie sich, mit den Nachbarn hinsichtlich des Lebensstandards – Haus, neues Auto, die modernsten Geräte – schrittzuhalten."[1] (Siehe Anhang, *Ihre Meinung ist gefragt* 7).

Wer trägt die Verantwortung?

Eine unklare Rollenverteilung und die nicht eindeutige Zuständigkeit, wer die Entscheidungen trifft, die Kinder erzieht oder das Geld einteilt, verursachen so manches Eheproblem. Wie aber sollen Mann und Frau wissen, wie sie bei Entscheidungsprozessen bzw. anderen praktischen Fragen der Verantwortung vorgehen sollen?

Ein Autor zeigt auf, daß einem christlichen Ehepaar zur Bewältigung seiner Alltagsprobleme neben den biblischen Richtlinien auch die beständige Anwesenheit des Heiligen Geistes hilft:

„Durch seinen Heiligen Geist versucht Gott, unser Wohl und unser Glück zu verwirklichen. Nur selten greift er dabei auf übernatürliche Weise ein, statt dessen versucht er, unser Denken zu durchdringen, bis wir seine Gedanken übernommen haben.
In der Ehe muß er Einfluß auf zwei Menschen nehmen. Die Autorität des Ehemannes ist durchaus nicht mit Unfehlbarkeit verbunden. Die Eheleute sind ‚ein Fleisch' geworden. Das heißt, daß – abgesehen von Notfällen – Entscheidungen, die die gesamte Familie betreffen, erst dann gefällt werden sollten, wenn man Einmütigkeit erlangt hat."[2]

Lionel Whiston teilt diese Meinung. In einem seiner Bücher schreibt er:

„Die ideale und weitaus produktivste Methode, Entscheidungen zu handhaben, besteht darin, sie gemeinsam im Angesicht Gottes zu treffen. Das schließt die Möglichkeit aus, Verantwortungsbereiche in offener Verachtung, heimlich, durch gefühlsmäßige Erpressung oder ständige Beschwichtigung des gekränkten Partners an sich zu reißen.
Will man im Angesicht Gottes zu gemeinsamen Entscheidungen kommen, müssen beide Partner ihm ihr Leben sowohl als Einzelpersonen als auch als Paar übergeben haben. Diese Übergabe verläßt sich auf Weisheit und Leitung, die größer sind als die der beiden Partner und die im Glauben in Anspruch genommen werden. Im Klartext heißt das, daß man alle in Frage kommenden Faktoren in Betracht zieht, ‚die Karten auf den Tisch legt'. Zu diesen Faktoren zählen u.a. zur Sache gehörige Einzelheiten, innere Motive und Wunschvorstellungen, die Erkenntnis, welcher Ehepartner in dem betreffenden Bereich über die größeren

Erfahrungen verfügt, und Lehren aus der Vergangenheit."[3]

Voraussetzung für eine solche Haltung ist, daß beide Ehegatten aufrichtig und ehrlich den Willen Gottes für ihr Leben erkennen und ihn auch bedingungslos akzeptieren wollen. Oft sind Mann und Frau der Meinung, es sei besser, wenn in bestimmten Verantwortungsbereichen nur einer die Entscheidungen treffe. So mancher weise Ehemann hat, nachdem er die Fähigkeiten und Stärken seiner Frau kennengelernt hat, ihr die Verantwortungsbereiche und Autoritäten übergeben, in denen sie ihn am besten ergänzen kann. Jeder verläßt sich auf die Kraft und die Weisheit des anderen. Was aber geschieht, wenn Mann und Frau bei einer anstehenden Entscheidung zu keiner Übereinstimmung gelangen? In derartigen Situationen sollte vielleicht der Mann entscheiden. Das wiederum heißt nicht, daß die Entscheidung die bestmögliche ist; doch wird Gott den Mann, nicht die Frau, für die Entscheidung verantwortlich machen.

Eine Bibelstelle, der man viele praktische Hinweise für die Entscheidungsfindung entnehmen kann, ist 1. Petrus 3,1-9. Hier spricht der Apostel über das Verhalten der Partner in der Ehe. Am Ende des zweiten Kapitels seines ersten Briefes beschreibt Petrus in bewegenden Worten, wie Christus sich beispielhaft selbst erniedrigte. Er lieferte dadurch ein Vorbild, dem alle Christen folgen sollten (siehe 1. Petrus 2,21). Das dritte Kapitel eröffnet Petrus mit praktischen Anwendungen, wie sie sich aus dem Beispiel Christi ergeben. Er schreibt:

„Ebenso ihr Frauen, unterordnet euch den eigenen Männern, damit sie, wenn auch einige dem Wort nicht gehorchen, ohne Wort durch den Wandel der Frauen gewonnen werden, indem sie euren in Furcht reinen Wandel angeschaut haben. Euer Schmuck sei nicht der äußerliche durch Flechten der Haare und Umhängen von Gold oder Anziehen von Kleidern, sondern der verborgene Mensch des Herzens im unvergänglichen Schmuck des sanften und stillen Geistes, der vor Gott sehr köstlich ist. Denn so schmückten sich auch einst die heiligen Frauen, die ihre Hoffnung auf Gott setzten und sich ihren Männern unterordneten: wie Sara dem Abraham gehorchte und ihn Herr nannte, deren Kinder ihr geworden seid, indem ihr Gutes tut und keinerlei Schrecken fürchtet. Ihr Männer ebenso, wohnet bei ihnen mit Einsicht als bei einem schwächeren Gefäß, als dem weiblichen, und gebt ihnen Ehre als solchen, die auch Miterben der Gnade des Lebens sind, damit eure Gebete nicht verhindert werden. Endlich aber seid alle gleichgesinnt, mitleidig, voll brüderlicher Liebe, barmherzig, demütig, und vergeltet nicht Böses mit Bösem oder Scheltwort mit Scheltwort, sondern im Gegenteil segnet, weil ihr dazu berufen worden seid, daß ihr Segen ererbt."

Warum so viele Mahnungen an die Ehefrauen?

Interessant ist, daß die Ratschläge des Petrus für die Ehefrauen fast sechsmal soviel Platz einnehmen wie die an die Ehemänner gerichteten Worte. Das hat seine Gründe. Wenn sich damals ein Mann zum Christentum bekehrte, folgte seine Frau ihm in die Gemeinde; die Bekehrung einer Ehefrau dagegen warf eine Menge Probleme auf. Zur Zeit des Petrus waren Männer und Frauen innerhalb (und außerhalb) der Familie nicht gleichgestellt.

Selbst das jüdische Morgengebet spiegelte diese Ungleichheit wider. Zu den Sätzen, die ein Jude jeden Morgen betete, gehörte auch: „Gepriesen sei Gott, der HERR, daß er mich nicht zu einem Heiden, einem Knecht oder einer Frau gemacht hat." Überall im jüdischen Gesetz stößt man auf die Ansicht, daß eine Frau nicht als Person, sondern als Sache gilt. Sie hatte keine Rechtssicherheit, sondern war Besitz des Mannes.

Rein theoretisch hatte die Ehe bei den Juden einen hohen Stellenwert. Die Rabbis lehrten: „Es ist besser, sein Leben hinzugeben, als Götzendienst, Mord oder Ehebruch zu begehen." „Der Altar selbst vergießt Tränen, wenn ein Mann das Weib seiner Jugend entläßt." Das war die Theorie. Tatsächlich war zur Zeit Jesu nichts leichter, als sich von seiner Frau scheiden zu lassen!

Die Scheidungsgesetze jener Zeit muten seltsam an. Eine Frau konnte sich überhaupt nicht scheiden lassen, es sei denn, ihr Mann wurde aussätzig, fiel vom Glauben ab oder übte ein „abscheuliches Gewerbe" aus. Im Gegensatz dazu konnte ein Mann seine Frau aus nahezu jedem beliebigen Grund entlassen. In ihrer Hilflosigkeit hatte sie kaum eine Möglichkeit, sich zu verteidigen, da das Scheidungsverfahren als solches schnell und problemlos durchgeführt werden konnte. Ein Mann, der sich von seiner Frau trennen wollte, mußte ihr lediglich einen Scheidebrief mit folgendem Wortlaut aushändigen: „Möge dies für dich Scheide- und Entlassungsbrief und Freilassungsurkunde sein, auf daß du dich jedem beliebigen Mann vermählen kannst." In Anwesenheit zweier Zeugen überreichte der Ehemann den Scheidebrief an die Frau, und schon war die Trennung vollzogen.

Im Griechenland der damaligen Zeit war es um die Stellung der Frau noch schlechter bestellt. Die ehrbare

Frau lebte völlig abgeschlossen und nahm nicht am öffentlichen Leben teil. Niemals begegnete man ihr allein auf der Straße, und von allen Gastmählern und ähnlichen Veranstaltungen mußte sie sich fernhalten. Im Frauengemach gleichsam eingekerkert, hatte lediglich ihr Ehemann Zutritt zu ihr. Es war die Aufgabe des Mannes, die Frau abgesondert zu halten, damit sie möglichst wenig sehe, höre und frage. Von Gemeinschaft und Zusammengehörigkeit war in der Ehe damals keine Rede. Diese Dinge suchte und fand der Mann außerhalb der Ehe.

All dies hat Petrus im Sinn, wenn er den Frauen erläutert, wie man eine gute Gattin sein kann, selbst wenn der Ehemann kein Christ ist. Sein Rat ist überraschend einfach: Sei deinem Mann eine gute Frau! Das ist alles. Nicht mehr, nicht weniger. Durch die stille Predigt ihres Verhaltens wird die christliche Ehefrau ihren Mann gewinnen.

So manche Christin begeht den Fehler, als wandelnder Kassettenrekorder durchs Leben zu gehen. Sie erinnert sich an jedes Wort der Sonntagspredigt und plappert zu Hause alles munter nach. Bei anderen Frauen, die sich alle Mühe geben, ihre Ehemänner für Christus zu gewinnen, kommt in jedem Satz Gott vor, so daß der Mann kaum Gelegenheit zu einem normalen Gespräch hat. Selbst das Schnitzel, das auf seinem Teller liegt, gibt Anlaß zu einer Predigt über die wunderbare Schöpferkraft Gottes, der ja auch das Kalb erschuf!

Eine christliche Frau bewirkt mehr durch ihren Wandel als durch ihre Worte. Eine Frau zum Beispiel meinte: „Ich habe meinem Mann nichts von meiner Bekehrung erzählt, weil ich möchte, daß er die Veränderung, die mit mir vorgegangen ist, selbst bemerkt und mich fragt: ‚Was ist los mit dir? Warum bist du so anders?' Wenn ich es ihm daraufhin erzähle, hat es Hand und Fuß."

Wie ist man nun nach Petrus eine „gute" Frau? Zunächst soll die Frau sich dem Mann unterordnen, was bedeutet, daß sie von sich aus uneigennützig ist. Des weiteren soll sie rein und ehrerbietig sein. Eine ehrerbietige Frau redet und handelt so, daß ihr Mann dadurch niemals in Verlegenheit gebracht oder durch das Gesagte verunsichert bzw. peinlich berührt wird. Stattdessen sorgt sie sich um sein Wohlergehen, indem sie ihn nicht in Frage stellt, sondern ihm Mut macht. Eine gute Frau ist vertrauenswürdig. Sie ist treu und läßt sich nicht auf das ein, was man als „harmlose Flirts" bezeichnet.

Die dritte Regel, die sich aus der zitierten Bibelstelle ableiten läßt, besagt, daß eine Frau von Wert weiß, wie sie sich kleidet. Petrus schrieb den Frauen nicht vor, was sie anziehen sollten, sondern stellte schlicht und einfach einen Grundsatz auf: die Frau ist eine schöne Frau, die voll innerem Schmuck und Glanz ist.

Ein Autor meint dazu:

„Natürlich möchte eine Frau zeitgemäß und attraktiv aussehen. Doch aufdringlich will sie nicht erscheinen. Viele junge Frauen betonen ihre Sexualität. Es wäre schade, wenn sie nicht begriffen, was Weiblichkeit bedeutet!
Wissen Sie, wie eine Nashornkuh ihren Nashornbullen findet? Da sie kurzsichtig ist, läßt der Anblick ihres Liebhabers sie zunächst kalt. Dann stürmt sie mit fünfzig Stundenkilometern auf ihn los und schmettert ihn zu Boden, wo sie ihn weiter tritt und stößt. Während er übel zugerichtet wird, wird ihm klar: ‚Sie liebt mich.'
So verhält sich die christliche Frau nicht. Sie ist feminin. Sie ist sanft, reizend und freundlich, weil sie weiß,

was Weiblichkeit bedeutet. Nur sehr wenige Männer möchten mit einem Ausbildungsunteroffizier verheiratet sein."[4]

Petrus wollte nicht, daß die christliche Frau nur wegen ihres Geschlechts die Aufmerksamkeit auf sich lenkt. Statt dessen ermunterte er sie, eine innere Schönheit zu entwickeln, die ihre Weiblichkeit, Sanftheit, Achtsamkeit und Liebe widerspiegelt. (Siehe Anhang, *Ihre Meinung ist gefragt 8*).

Petrus ermahnt auch die Ehemänner

In einem eher kurzen Abschnitt – 1. Petrus 3,7 – wendet der Apostel sich an die Ehemänner. Dieser Abschnitt enthält viele wertvolle Ratschläge. Drei Grundsätze sind es, nach denen die Ehemänner leben sollen.

Zunächst soll der Mann begreifen können. Das bedeutet, daß er sich die Meinung seiner Frau bereitwillig anhört. Er ist bereit, die Angelegenheit mit ihr zu durchdenken. Da er in bezug auf ihre Gefühle, Stimmungen und Vorstellungen einfühlsam ist, versucht er, die Bedürfnisse seiner Frau zu entdecken und auf sie einzugehen. Hier wird deutlich, daß Uneigennützigkeit sowohl beim Mann als auch bei der Frau von großer Bedeutung ist.

Der zweite Aspekt bezieht sich auf die „Beschützerrolle" des Mannes. Der christliche Ehemann weiß, daß seine Frau in körperlicher Hinsicht nicht so robust ist wie er selbst, und überlastet sie nicht mit Arbeit. Er hat im Gefühl, wann er sie zum Essen ausführen oder gar einen Wochenendurlaub ohne die Kinder mit ihr verbringen sollte (das ist für beide gut!). Ferner läßt der Ehemann Respektlosigkeiten der Kinder ihrer Mutter gegenüber nicht durchgehen. Er behandelt seine Frau liebevoll und mit Rücksicht und versucht, sie vor unangenehmen Situationen zu bewahren.

Zu guter Letzt ermahnt Petrus die Ehemänner, daran zu denken, daß ihre Frauen mit denselben geistlichen Rechten ausgestattet sind wie sie selbst. Sie sind Miterben der Gnade Gottes, der sie in gleicher Weise liebt wie die Ehemänner.

Warum sollen sich Männer an die Anweisungen aus 1. Petrus 3 halten? „... damit eure Gebete nicht verhindert werden." Mit anderen Worten, wenn Ihre Beziehung zu Ihrer Frau nicht in Ordnung ist, ist auch Ihre Beziehung zu Gott nicht in Ordnung. (Siehe Anhang, *Ihre Meinung ist gefragt 9*).

Beginnen Sie mit den Veränderungen – bei sich selbst

In 1. Petrus 3,8.9 werden die Merkmale einer ehelichen Beziehung aufgezeigt, wenn Mann und Frau dem Plan Gottes entsprechend leben. Petrus sagt: „Ihr sollt wie eine große glückliche Familie sein, viel füreinander übrig haben und euch zärtlich und demütig lieben."

Lesen Sie diese Richtlinien aus dem ersten Petrusbrief, und denken Sie dabei an sich selbst. Vergleichen Sie die Anweisungen, die Petrus den Ehepartnern gibt, mit der Realität in Ihrer eigenen Ehe. Achtet die Frau die Meinung ihres Mannes, und ordnet sie sich ihr unter? Ist der Mann umsichtig, stark, rücksichts- und liebevoll, und beschützt er seine Frau vor den Mühen und Gefahren des Lebens? Wer trifft eigentlich die Entscheidungen? Liegen alle in der Hand eines Ehepartners, der sich nicht hereinreden lassen will?

Vielleicht wird Ihnen klar, was sich bei Ihnen ändern muß. Möglicherweise aber ist es einfacher, die Veränderungen zu erkennen, die bei Ihrem Partner nötig sind. Wie soll man beginnen?

Beginnen Sie nicht bei Ihrem Partner. Fangen Sie bei sich selbst an.

„Ehe Sie erwarten können, Ihren Partner zu verändern, sind bei Ihnen selbst einschneidende Veränderungen nötig. Das Problem vergrößert sich lediglich, wenn Sie Kritik üben und Änderungen vorschlagen; denn das Verständnis füreinander, die gegenseitige Liebe und Annahme nehmen ab. Darum geben Sie dergleichen am besten ganz auf. Entschließen Sie sich – bedingungslos – dazu, aus ganzem Herzen Liebe und Annahme zu üben. Wie aber sollen Sie vorgehen, wenn Sie Ihren Partner nicht kritisieren und tadeln können?

Indem Sie ein anderer Mensch werden. Anstatt Ihren Partner mit ausgesprochenen oder unausgesprochenen Vorbehalten anzunehmen, nehmen Sie ihn oder sie so aufrichtig an, wie Sie das in der schon lange zurückliegenden Zeremonie gelobt haben. Werden Gelübde nicht gelebt, tagtäglich gelebt, sind sie wertlos. Denn Sie haben nicht gelobt, Ihren Partner zu erziehen, kräftig umzuformen und umzustrukturieren, sondern ihn zu lieben. Die entscheidende Verpflichtung der Ehe besteht in dem Versprechen, dem anderen der rechte Partner zu sein. Denken Sie nicht mehr darüber nach, ob Sie den ‚richtigen Partner' gefunden haben. Wer kann das schon sagen? Und wenn Sie nun nicht den für Sie absolut Richtigen oder die absolut Richtige gefunden haben?

Was für ein Mensch sind Sie in diesem Augenblick? Haben Sie sich fest verpflichtet, hier und jetzt der rechte Partner zu sein? Wenn Sie daran festhalten, wird sich die Angelegenheit für beide zum Besseren wenden. Fast augenblicklich!"[5] (Siehe Anhang, *Wie wollen Sie vorgehen? 3*).

KAPITEL 4

Warum ist es wichtig, einander zuzuhören?

„Aber warum können wir nicht miteinander reden?"

Diese Frage stellen sich zahlreiche Ehepaare immer wieder. Ehe Sie sich aber über die Frage „Warum keine Kommunikation?" den Kopf zerbrechen, denken Sie einmal darüber nach, was das Wort Kommunikation überhaupt für Sie bedeutet. (Siehe Anhang, *Ihre Meinung ist gefragt 10*).

Kommunikation ist ein Prozeß

Es gibt viele Definitionen des Begriffs „Kommunikation". Eine sehr gute und einfache besagt, daß Kommunikation ein verbaler und nonverbaler Prozeß ist, bei dem an einen Menschen Informationen in der Weise weitergegeben werden, daß er das Übermittelte versteht. Zu diesem Kommunikationsprozeß gehören *Reden, Zuhören* und *Verstehen*.

Eines der Schlüsselprobleme beim Informationsaustausch besteht im Sich-verständlich-Machen. Oft *glauben* wir, das von unserem Partner Gesagte zu verstehen, doch das, was wir gehört haben, stimmt nicht mit dem überein, was er meinte. Tatsächlich ist sich unser Partner manchmal selbst nicht sicher, was er mit dem Gesagten ausdrücken wollte!

Nimmt man sich die Zeit, über alle Faktoren nachzudenken, die in das Sich-verständlich-Machen einfließen, wird schnell deutlich, warum so häufig Mißverständnisse auftreten. Fachleute, die sich mit dem Problem der Verständigung auseinandergesetzt haben, stellten fest, daß in einem Gespräch mindestens sechs verschiedene Botschaften übermittelt werden können:

- Was man sagen will.
- Was man wirklich sagt.
- Was der Gesprächspartner hört.
- Was der Gesprächspartner zu hören meint.
- Was der Gesprächspartner über das sagt, was man selbst sagt.
- Was man den Gesprächspartner sagen hört über das, was man selbst gesagt hat.

Ziemlich entmutigend, nicht wahr? Aber dieses Beispiel macht deutlich, warum Verständigung oft harte Arbeit ist. Wir möchten, daß unser Gegenüber uns nicht nur zuhört, sondern auch versteht. Das alte englische Sprichwort „Sag', was du meinst, und mein's, wie du's sagst" stellt ein wichtiges Ziel dar; es läßt sich allerdings nicht so ohne weiteres erreichen. (Siehe Anhang, *Ihre Meinung ist gefragt 11*).

Sich mitteilen – mehr zuhören, weniger reden

Ein amerikanischer Autor schreibt: „Wenn es überhaupt eine unentbehrliche Einsicht gibt, mit der ein junges Ehepaar sein gemeinsames Leben beginnen sollte, dann die, daß sie um jeden Preis versuchen sollten, die Kommunikationsstränge zwischen sich offenzuhalten."[1]

Unglücklicherweise sind diese Verbindungen sehr störungsanfällig. Manchmal bricht die Kommunikation zusammen, weil Mann und/oder Frau nicht bereit oder fähig sind, über die Dinge zu reden, die sich im eigenen Leben abspielen. Doch ebenso häufig kommt es vor, daß ein Ehepartner dem anderen nicht wirklich zuhört. Ohne aufmerksames Zuhören kann es keine intensive Kommunikation geben.

Jemand hat einmal gesagt, daß das aufmerksame Zuhören mit geschlossenem Mund eine für die Ehe grundlegend notwendige Kommunikationsfertigkeit sei. Denken Sie darüber nach, wie die Kommunikation bei Ihnen abläuft. Hören Sie zu? Wieviel von dem, was man Ihnen sagt, nehmen Sie auf? Schätzungsweise hört ein Mensch nur etwa 20 Prozent von dem, was man ihm sagt. Was gehört zum effektiven Zuhören?

Wirkliches Zuhören heißt, daß man, solange der andere noch spricht, nicht über das nachdenkt, was man antworten will, sondern daß man völlig auf das Gehörte eingestimmt ist. Paul Tournier meint dazu: „Welch großartige und befreiende Erfahrung, wenn Menschen lernen, sich gegenseitig zu helfen. Man kann das gewaltige Bedürfnis des Menschen, daß man ihm wirklich zuhört, gar nicht oft genug betonen."

Zuhören ist mehr, als höflich zu warten, bis man selbst an der Reihe ist; es ist mehr als das bloße Hören von Wörtern. Wer wirklich zuhört, empfängt und versteht die Botschaft so, wie sie ausgesandt wird – versucht zu begreifen, was der andere wirklich meint. Wer dahin kommt, ist nicht beim „Ich höre dich" stehengeblieben, sondern kann sagen: „Ich höre, was du sagen willst."

Die verbreitete Ansicht, das Zuhören sei lediglich der passive Teil der Kommunikation, ist nicht richtig. Einfühlsames Zuhören bedeutet, auf den anderen zuzugehen, sich aktiv für das zu interessieren, was er sagt oder sagen möchte.

In dem bereits öfter zitierten Buch von Dwight Small zeigt der Autor auf, daß die meisten Menschen von Natur aus keine guten Zuhörer sind. Das Zuhören ist uns nicht angeboren. Die meisten Menschen reden lieber, als daß sie zuhören. Es ist einfach angenehmer, seinen Standort zu bestimmen und seine Meinungen und Gefühle zu verfechten. In der Tat wollen die meisten lieber reden und gehört werden als selbst hören. Deshalb liegt uns mehr daran, selbst zum Gespräch beizutragen, als dem Gesprächspartner unsere volle Aufmerksamkeit zu schenken. Darüber hinaus sehen wir nur allzu oft die Bemerkungen unseres Gegenübers im Licht unserer eigenen Ansichten und Bedürfnisse.

Eine Frau läßt zum Beispiel die Bemerkung fallen, daß sie die Hausarbeit satt hat. Ihr Mann hört zwar, was sie sagt, entnimmt aber ihren Worten, daß sie unglücklich ist, weil sie keine Haushaltshilfe hat wie ihre Mutter. Darauf wollte die Frau überhaupt nicht hinaus, doch das hat der Ehemann gehört. Seit Beginn ihrer Ehe stört es den Mann bereits, daß er sich für seine Frau keine Putzhilfe leisten kann wie ihr Vater für ihre Mutter. Man begreift schnell, warum die Worte der Frau eine andere als die beabsichtigte Botschaft übermitteln. Selten treffen gefilterte Botschaften zu; noch seltener tragen sie zum gegenseitigen Verstehen bei.[2]

Haben Mann und Frau die Notwendigkeit erkannt, einander vorurteilsfrei zuzuhören und volle Aufmerksamkeit zu schenken, befinden sie sich auf dem besten Weg, ein starkes Kommunikationsnetz aufzubauen. (Siehe Anhang, *Ihre Meinung ist gefragt 12*).

Die Bibel spricht von der Macht des Wortes

Worte können nicht nur zum Sprechen, Schreiben und Lesen benutzt, sondern auch als Waffe mißbraucht werden. Worte können einen Menschen in der Tat verletzen, was auch die Bibel sagt. Sowohl im Alten als auch im Neuen Testament wird daher von der Macht des Wortes gesprochen.

In Sprüche 18,21 steht, was viele für sich selbst entdeckt haben: „Tod und Leben sind in der Gewalt der Zunge, und wer sie liebt, wird ihre Frucht essen." Sprüche 26,22 beschreibt, wie Worte einen Menschen erreichen können: „Die Worte des Ohrenbläsers sind wie Leckerbissen, und sie gleiten hinab in die Kammern des Leibes." Eine ganz andere Erfahrung machte Hiob. Niedergeschlagen rief er aus: „Wie lange wollt ihr meine Seele plagen und mich mit Worten zerschlagen?" (Hiob 19,2).

Jakobus 3,2-10 handelt von der Macht des Wortes und der Notwendigkeit, seine Zunge im Zaum zu halten. Dieser Text enthält die Grundlagen für eine Verbesserung der Kommunikation in der Ehe:

„Wenn jemand nicht im Wort strauchelt, der ist ein vollkommener Mann, fähig, auch den ganzen Leib zu zügeln. Wenn wir aber den Pferden die Zäume in die Mäuler legen, damit sie uns gehorchen, lenken wir auch ihren ganzen Leib. Siehe, auch die Schiffe, die so groß und von heftigen Winden getrieben sind, werden durch ein sehr kleines Steuerruder gelenkt, wohin das Trachten des Steuermanns will. So ist auch die Zunge ein kleines Glied und rühmt sich großer Dinge. Siehe, welch kleines Feuer, welch einen großen Wald zündet es an! Und die Zunge ist ein Feuer, die Welt der Ungerechtigkeit. Die Zunge zeigt sich unter unseren Gliedern als diejenige, die den ganzen Leib befleckt und den Lauf des Daseins entzündet und von der Hölle entzündet wird. Denn jede Art, sowohl der wilden Tiere als der Vögel, sowohl der kriechenden als der Seetiere, wird gebändigt und ist gebändigt worden durch die menschliche Art; die Zunge aber kann keiner der Menschen bändigen: sie ist ein unstetes Übel, voll tödlichen Giftes. Mit ihr preisen wir den Herrn und Vater, und mit ihr fluchen wir den Menschen, die nach dem Bild Gottes geschaffen worden sind. Aus demselben Mund geht Segen und Fluch hervor. Dies, meine Brüder, sollte nicht so sein."

Jakobus vergleicht die Macht der Zunge mit der Macht eines Steuerruders. Dieses ist ein verhältnismäßig kleiner Teil des Schiffes und kann es doch in jede beliebige Richtung und an jedes gewünschte Ziel steuern. So können Mann und Frau mit jedem ausgesprochenen Wort ihre Ehe in eine andere Richtung steuern. (In einigen Fällen entstehen sogar „Teufelskreise" der Kommunikation.)

Im Laufe seiner Rede über die Macht der Zunge vergleicht Jakobus sie mit einem Feuer. Ein winziger Funke kann ganze Wälder vernichten. Desgleichen kann man einer Ehe durch eine überflüssige Bemerkung Schaden zufügen oder sie gar „in Brand setzen". Häufiger jedoch ist, daß man ständig aufeinander einhackt und aneinander herumnörgelt.

Worte verbreiten sich wie ein Lauffeuer. Haben Sie jemals versucht, ein Gerücht aus der Welt zu schaffen? Haben Sie es jemals unternommen, eine lieblose Geschichte, nachdem sie weitererzählt wurde, zu unterdrücken? So etwas ist nicht möglich! Wer kann schon Worte zurücknehmen und das Gehörte auslöschen?

Jakobus geht auf die Schwierigkeit ein, die Zunge im

Zaum zu halten, wenn er im weiteren schreibt, daß es dem Menschen in seiner Findigkeit gelungen ist, fast jedes Lebewesen zu zähmen, aber daß er bei der Bändigung seiner eigenen Zunge versagt! „Bändigen" heißt soviel wie „beherrschen" und „zum Gehorsam bringen". Bei seiner Zunge ist das dem Menschen nicht im entferntesten gelungen.

Jeder ist für sein „Zungenzähmungsprogramm" selbst verantwortlich. Mann und Frau müssen die Bändigung stets als Ziel vor Augen haben, weil *jedes Wort* entweder hilft oder lähmt, heilt oder verletzt, aufbaut oder zerstört.

Nach der Bibel befinden sich der Mann und die Frau, die mit allem, was sie denken und fühlen, herausplatzen, ohne über die möglichen Folgen nachzudenken, auf keinem guten Weg: „Siehst du einen Mann, der sich in seinen Worten überhastet – für einen Toren gibt es mehr Hoffnung als für ihn" (Sprüche 29,20).

1. Petrus 3,10 faßt das schön zusammen: „Denn wer das Leben lieben und gute Tage sehen will, der halte Zunge und Lippen vom Bösen zurück." Es ist nicht leicht, aus eigener Kraft seine Zunge im Zaum zu halten, doch einem Christen, der auf Lehre und Leitung des Heiligen Geistes vertraut, wird Hilfe zuteil und Kraft, die seine eigene um ein Vielfaches übertrifft. Sie wissen doch, wie gut es ist, sich auf eine angenehme, „aufbauende" Art mit dem Ehepartner zu unterhalten. Sie bemühen sich darum, der Situation entsprechende, freundliche Worte zu wählen – Ihr Partner übrigens auch. Als Ergebnis bauen Sie einander auf und werden mit einer angenehmen Atmosphäre belohnt. In Sprüche 25,11 wird die Schönheit eines solchen Augenblicks beschrieben: „Goldene Äpfel in silbernen Prunkschalen, so ist ein Wort, geredet zu seiner Zeit." Oder Sprüche 15,23: „... ein Wort zu seiner Zeit, wie gut!"

Die Bibel sagt aber auch etwas über das Zuhören. Allein die Fähigkeit, gut mit Worten umgehen zu können, macht einen Menschen noch lange nicht zu einem guten Gesprächspartner. Ein findiger Kopf hat einmal gesagt, daß Gott den Menschen mit einem Mund und zwei Ohren erschaffen hat, und das zeige an, in welchem Verhältnis Reden und Hören zueinander stehen sollten!

Sprüche 18,13 führt einen wichtigen Grund an, aufmerksam zuzuhören: „Wer Antwort gibt, bevor er zuhört, dem ist es Narrheit und Schande." In biblischer Hinsicht bedeutet zuhören: die Situation in Muße erkennen, ehe man voreilige Schlüsse zieht (und wütend davonläuft).

Jakobus 1,19 gibt dem Christen den Rat, *schnell zum Hören* – oder anders gesagt: *ein bereitwilliger Zuhörer* – zu sein. Die meisten von uns sind bereitwillige Redner, die kaum oder gar nicht zuhören wollen. Doch ein Schlüssel zu einer erfolgreichen Ehe besteht darin, daß man seinen Partner bis zum Ende anhören *will.* Sie müssen die Anstrengung des Zuhörens auf sich nehmen.

Natürlich kostet das Zuhören einiges an Mühe, doch befreit es uns gleichzeitig von uns selbst und unseren eigenen Interessen und ermöglicht uns, das aufzunehmen, was der andere sagt. Oft kommt es in Ehen zu einem Ende der Verständigung, weil beide Partner so sehr mit sich selbst und ihren Vorstellungen und Interessen beschäftigt sind, daß dadurch das Verständnis für den anderen schwindet. Hören Mann und Frau aber einander zu, geschieht etwas Erstaunliches: sie fangen an, sich von ihrem Gegenüber verstanden zu fühlen.

Eine Schwierigkeit beim Zuhören besteht darin, daß ein Partner versucht, dem anderen zuvorzukommen. Wie leicht denkt man, daß man die nächsten Worte seines Partners erraten kann, fällt ihm ins Wort und beendet den Satz mit einem Gedankengang, den er gar nicht verfolgt hat. Nur allzu oft platzen Mann oder Frau mit einer Meinung heraus, die meilenweit von der Wellenlänge des Partners entfernt ist. Daran mag der Verfasser der Sprüche gedacht haben, als er schrieb: „Wer Antwort gibt, bevor er zuhört, dem ist es Narrheit und Schande" (Sprüche 18,13).

Sich verstehen – sich verständigen

In einem Buch über die Kunst des Verstehens führt der Autor verschiedene Möglichkeiten an, wie Männer und Frauen sich in der Ehe gegenseitig entmutigen können. Frauen zum Beispiel entmutigen ihre Männer, wenn sie dominierend werden oder dazu neigen, emotionsgeladen in eine Diskussion einzusteigen. Auch wenn eine Frau sich weigert, die romantischen Träume ihrer Mädchenjahre abzulegen, wirkt das auf einen Mann eher entmutigend.

Auf der anderen Seite entmutigen Männer ihre Frauen, indem sie deren ziemlich unbeständige Gefühle nicht verstehen. Bei Frauen schlägt die Stimmung oft schnell um; sie lassen sich durch Dinge bedrücken oder erfreuen, die einen Mann so gut wie nicht berühren. Des weiteren wird eine Frau entmutigt, weil der Mann nicht einsieht, daß die seiner Meinung nach „kleinen Dinge" für sie „große Dinge" darstellen. Außerhäusliche Aktivitäten des Mannes wie Sport, Hobbys und selbst seine Arbeit lösen bei der Frau oft Enttäuschung aus.

Die Hauptquelle der Entmutigung der Frauen, so der Autor, bestehe jedoch darin, *daß die Männer nicht mit ihren Frauen reden bzw. ihnen nicht zuhören*. Fairerweise muß gesagt werden, daß das natürlich auch umgekehrt der Fall sein kann.

Als eine häufige, zusätzliche Quelle der Entmutigung ist die Tatsache zu nennen, daß Männer und Frauen sich bei der Verständigung auf den Aspekt „Reden“ konzentrieren, weil es ihnen hauptsächlich darum geht, ihre Gedanken zu formulieren. Dabei wird der Aspekt „Zuhören“ natürlich vernachlässigt. In einem solchen Fall haben Mann und Frau keine Vorstellung davon, was der andere tatsächlich meint oder fühlt. Sie mögen sich unterhalten, aber sagen oder hören sie wirklich etwas? Reaktionen wie „Mhmh!“, „Ja?“ und „Verstehe!“ beherrschen viele Gespräche, und schon fünf Minuten später müssen Mann und Frau sich fragen, worüber sie denn nun geredet haben.[3]

Ein derartiger Kommunikationsmangel kann echte Eheprobleme nach sich ziehen. In der Tat besteht für so manchen Eheberater das Hauptproblem vieler Ehen in der unzureichenden Verständigung.

Die Ehe ist eine enge Beziehung, die sich auf gegenseitiges Verstehen gründet; um einen anderen Menschen aber wirklich verstehen zu können, muß man in der Lage sein, sich mit ihm zu verständigen. Mann und Frau mögen viel über sich wissen, ohne sich tatsächlich zu kennen. Verständigung ist ein Prozeß, der es Menschen ermöglicht, einander kennenzulernen, miteinander in Verbindung zu treten, den wahren Lebenssinn des anderen zu begreifen. (Siehe Anhang, *Wie wollen Sie vorgehen? 4*).

KAPITEL 5

Warum können Sie nicht darüber reden?

„Aber ich will absolut nicht darüber sprechen!" Diesen Satz haben Sie sicherlich schon einmal von Ihrem Partner gehört oder selbst von sich gegeben, wenn Sie am Ende Ihrer Geduld (oder Ihrer Ideen) waren.

Wie es grundlegende Ursachen dafür gibt, warum viele von uns den anderen nicht erreichen bzw. selbst nicht erreicht werden, gibt es auch grundlegende biblische Prinzipien, die uns zu einer wirkungsvolleren Kommunikation verhelfen sollen.

Gründe für eine unzureichende Kommunikation

Warum wollen sich manche Menschen nicht verständigen? Oft liegt das an den Lebensumständen bzw. an persönlichen Mängeln:

- Einigen wenigen Menschen fehlt die Fähigkeit, sich mit anderen zu unterhalten. Sie haben niemals gelernt, sich einer anderen Person offen mitzuteilen, und können sich nur mit großen Schwierigkeiten ausdrücken.
- Andere fürchten sich davor, ihre Gedanken und Gefühle zu zeigen, weil sie nicht Gefahr laufen wollen,

zurückgewiesen oder verletzt zu werden, falls jemand anderer Meinung ist. Das ist eine Art Selbstschutz. Wenn verheiratete Paare sich auseinanderleben, geht nicht die Kommunikationsfähigkeit verloren, sondern der Wille zur Kommunikation macht eine Veränderung durch. Will einer von beiden nicht mehr verstanden werden oder verständnisvoll sein, entwickelt sich rasch ein Abstand voneinander.

- Wieder andere sind der Meinung, daß das Reden ja doch keinen Wert hat. Warum also der Umstand? Weil sie nicht zu ihrem Gegenüber durchdringen können, geben sie einfach auf.
- Einige Menschen glauben, daß sie als Person nichts zu bieten haben. Sie halten ihre Vorstellungen für wertlos. Da sie ein schlechtes Bild von sich selbst haben, unterdrücken sie ihre Stellungnahmen und Gefühle. Sie haben Schwierigkeiten damit, sich selbst anzunehmen.

Manchmal sind die Hindernisse zu einer erfolgreichen Kommunikation leicht zu erkennen. Manchmal jedoch kommen verschiedene Gründe zusammen, die nicht genau zu bestimmen sind. Erinnern Sie sich an eine Situation, in der Sie und Ihr Partner sich nicht verständigen konnten. Was war der *eigentliche* Grund? (Siehe Anhang, *Ihre Meinung ist gefragt 13*).

Die fünf Stufen der Kommunikation

In einem ausgezeichneten Buch über die Furcht, sich zu offenbaren, erklärt John Powell, daß es mindestens fünf verschiedene Stufen gebe, auf denen zwischenmenschliche Verständigung ablaufe: vom oberflächlichen Gemeinplatz bis hin zu tiefer persönlicher Offenheit. Ängste, Gleichgültigkeit oder ein geringes Selbstwertgefühl halten uns auf der niedrigsten Stufe fest; können wir uns jedoch von unseren Schwächen befreien, gelangen wir auf eine höhere, bedeutungsvollere Stufe.

Powells fünf Stufen der Kommunikation umfassen:

Stufe fünf: Oberflächliches Gespräch. Diese Art der Unterhaltung ist völlig ungefährlich. Wir verwenden darin Phrasen wie „Wie geht es Ihnen?“, „Was macht Ihre Familie?“, „Schon lange nicht gesehen“, „Ihr Anzug gefällt mir“. Einem derartigen Gespräch fehlt das persönliche Mitteilen, denn jeder Sprecher verharrt sicher hinter seiner Schutzwand.

Stufe vier: Von anderen gehörte Tatsachen weitersagen. Bei diesem Gesprächsstil begnügen wir uns damit, Dinge zu erzählen, die wir von anderen gehört haben, ohne unsere eigene Meinung einfließen zu lassen. Wir erzählen die Tatsachen im Stil der 19-Uhr-Nachrichten einfach weiter. Wenn wir auch Tratsch oder kleine Begebenheiten zum besten geben, so legen wir uns dabei dennoch gefühlsmäßig nicht fest.

Stufe drei: Unsere Vorstellungen und Beurteilungen. Hier setzt die eigentliche Kommunikation ein. Wir sind bereit, unseren persönlichen Bereich zu verlassen und einige unserer Überzeugungen und Entscheidungen preiszugeben. Trotz aller Offenheit sind wir jedoch auf der Hut, und beim ersten Anzeichen einer Ablehnung ziehen wir uns augenblicklich in uns selbst zurück.

Stufe zwei: Unsere Gefühle. Auf dieser Stufe teilen wir die Gefühle mit, die wir in bezug auf Tatsachen, Vorstellungen und Urteile haben. Gefühle, die unterschwellig vorhanden sind, werden enthüllt. Wenn jemand sich einem anderen Menschen wirklich mitteilen will, muß er dahin kommen, seine Gefühle zu offenbaren.

Stufe eins: Aufrichtige Kommunikation aller Gefühle und persönlichen Belange. Alle tiefergehenden Beziehungen, insbesondere die Ehe, *müssen* sich auf vollkommene Offenheit und absolute Aufrichtigkeit gründen. Das ist sicher nicht leicht zu bewerkstelligen, weil ein Risiko damit verbunden ist – das Risiko, wegen seiner Aufrichtigkeit zurückgewiesen zu werden. Damit aber die Beziehung in einer Ehe fester wird, ist Offenheit unabdingbar. Bisweilen wird man diese Art der Kommunikation fertigbringen, aber dann wird es auch Zeiten geben, in denen die Verständigung hinter diesem Anspruch zurückbleibt.[1]

Fragen Sie sich selbst; denn Sie allein wissen, auf welcher dieser fünf Stufen die Kommunikation sich in Ihrer Ehe abspielt. Fragen Sie: „Wie sieht unsere Verständigung aus? Auf welcher Stufe befinden wir uns? Wie können wir uns in Richtung auf Stufe eins bewegen?" (Siehe Anhang, *Ihre Meinung ist gefragt 14*).

Und die Kommunikation mit Gott?

Bislang haben wir uns hauptsächlich mit der Kommunikation zwischen Ehepartnern beschäftigt. Wie aber steht es um die Kommunikation mit Gott? Sind wir vor Gott offen, oder betreiben wir Kommunikation der Stufen vier oder fünf? Lassen wir ihn an unserem Leben teilhaben? Reden wir die ganze Zeit, oder lassen wir auch ihn in der Stille zu Wort kommen?

An einer christlichen Ehe sind drei Personen beteiligt – Gott, Mann und Frau. Diese drei bilden gleichsam ein Dreieck, an dessen Spitze Gott steht und dessen Seiten von der Kommunikation gebildet werden. Kommt es zu einer Störung der Kommunikation zwischen einem der Partner und Gott, so wird davon auch die Verständigung der Partner untereinander in Mitleidenschaft gezogen. In derselben Weise beeinträchtigt eine Kommunikationsstörung unter den Partnern die Kommunikation mit Gott! Sie müssen ständig daran arbeiten, die Verbindung zu Gott und zu Ihrem Partner gleichermaßen aufrechtzuerhalten. Ein Autor schreibt dazu: „Besteht eine Verbindung zu Gott, besteht sie ausnahmslos auch untereinander, denn man kann sich Gott nicht öffnen, wenn man sich seinem Partner gegenüber verschließt ... Gott setzt seinen Plan für eine christliche Ehe in die Tat um, wenn zunächst die Verbindungen zu ihm aufgebaut werden."[2]

Was veranlaßt einen Menschen eigentlich dazu, sich einem anderen zu öffnen, ihm liebevoll zu begegnen? Um jemanden lieben zu können, sind zwei grundlegende Erfahrungen notwendig. Zum einen müssen wir von einem anderen Liebe erfahren haben, zum anderen müssen wir uns auch selbst lieben. Was aber, wenn wir ohne jene echte, bedingungslose Liebe aufgewachsen sind, die uns in die Lage versetzt, uns selbst zu lieben? Wie kann man im Erwachsenenalter noch lernen, andere und sich selbst zu lieben? Ist das überhaupt möglich, oder machen wir uns lediglich etwas vor?

Es gibt einen, der uns diese bedingungslose Liebe nahebringen kann – Jesus Christus. Johannes, der oft als „Apostel der Liebe" bezeichnet wird, sagt in 1. Johannes 4,9-11.18.19 folgendes:

„Hierin ist die Liebe Gottes zu uns geoffenbart worden, daß Gott seinen eingeborenen Sohn in die Welt gesandt hat, damit wir durch ihn leben möchten. Hierin ist die Liebe: nicht daß wir Gott geliebt haben, sondern daß er uns geliebt und seinen Sohn gesandt hat als eine Sühnung für unsere Sünden. Geliebte, wenn Gott uns so geliebt hat, sind auch wir schuldig, einander zu lieben ... Furcht ist nicht in der Liebe, sondern die vollkommene Liebe treibt die Furcht aus ... Wir lieben, weil er uns zuerst geliebt hat."

Die Fähigkeit, sich selbst und auch andere Menschen zu lieben, rührt daher, daß Gott sich uns zugewandt und zuerst geliebt hat. Wenn Sie die Vergebung Gottes in Anspruch nehmen, werden Sie auch seine Liebe erfahren. Doch gerade da setzt für die meisten Menschen die Schwierigkeit ein, denn tief im Innern glauben wir nicht daran, daß Gott uns wirklich annimmt. Daraus folgt dann, daß wir uns auch selbst nicht annehmen.

Warum verharren Sie in Ihrer Selbstablehnung, wenn aus der Bibel doch eindeutig hervorgeht, daß Gott Ihnen vergibt und Sie annimmt? Warum ablehnen, was Gott angenommen hat? Und Gott nimmt Sie nicht bloß an, er *nimmt Sie bedingungslos an.* Gott stellt für Ihre Beziehung zu ihm keine Bedingungen. Warum geben Sie Gott gegenüber also nicht einfach Ihre Abwehr auf? Wenn Sie sich in seiner Gegenwart entspannen, wächst das Zutrauen zu Ihnen selbst – und natürlich auch das zu ihm.

Johannes schreibt: „Furcht ist nicht in der Liebe, sondern die vollkommene Liebe treibt die Furcht aus ..." (1. Johannes 4,18). Geben Sie Gott doch die Möglichkeit, Sie auf seine Weise zu lieben – bedingungslos, ohne daß Sie sich anstrengen müssen, sich seiner Liebe „würdig" zu erweisen! Wenn Sie versuchen, sich für

Gott „in Form zu bringen“, um „liebenswert“ zu sein, treiben Sie mit ihm das gleiche Spiel, das Sie auch mit Menschen, besonders Ihrem Partner, spielen. Sie legen die Meßlatte an das an, was Ihrer Meinung nach liebenswert ist. Entsprechen Sie oder Ihr Partner den erwarteten Anforderungen nicht, werden Sie hart, verkrampfen sich oder explodieren. Die Furcht treibt die Liebe aus, die Sie sich für sich selbst und andere wünschen, oder unterdrückt sie. (Siehe Anhang, *Ihre Meinung ist gefragt 15*).

Wege zur Kommunikation

Wenn Sie sich Gott öffnen, entdecken Sie bei sich die neue Fähigkeit, sich auch anderen zu öffnen. Sie werden in der Lage sein, sich mit anderen Menschen auf den höheren Stufen der Kommunikation zu verständigen, wie wir sie bereits beschrieben haben. Das funktioniert folgendermaßen:

▷ Christus hat uns angenommen.
▷ Wir nehmen die Liebe Christi an.
▷ Wir nehmen uns selbst an.
▷ Wir nehmen andere an.
▷ Wir treten in Verbindung zu anderen.

Die Liebe Christi und unsere Annahme durch ihn machen es uns möglich, uns vertrauensvoll anderen zu öffnen. Er nimmt uns mit all unserem Versagen und unseren Mängeln an, weil er die großen Möglichkeiten sieht, die in uns liegen. Da Christus nun in uns wohnt, können wir diese Möglichkeiten ausschöpfen. Weil Gott uns annimmt, können wir uns auch selbst annehmen, ein besseres Bild vom eigenen Ich gewinnen und von daher auch andere Menschen annehmen. Diese vielfache Annahme führt zu der Bereitschaft, mit den Menschen um uns her zu kommunizieren. Jesus Christus ist der Weg, den wir beschreiten müssen, um Stufe eins der Kommunikationsskala zu erreichen! (Siehe Anhang, *Wie wollen Sie vorgehen? 5*).

KAPITEL 6

Ist Zorn immer „tabu“?

Bei den meisten Ehepaaren ist der Wunsch zur Kommunikation durchaus vorhanden. Wenn einer oder gar beide Partner verärgert sind, ist Kommunikation von entscheidender Bedeutung, und doch ist in erster Linie der Zorn dafür verantwortlich, daß in vielen Ehen die Verständigung auf der Strecke bleibt.

Haben Sie schon einmal versucht, Ihr Gefühl von Ärger oder Feindseligkeit zu beschreiben? Die einfachste Definition lautet vielleicht „ein starkes Unmutsgefühl“. Gefühlswallungen setzen im allgemeinen Energien in uns frei. Die Energie, die der Zorn in uns freisetzt, drängt uns dazu, den Urheber unserer Verärgerung zu verletzen, zu zerstören. Im Rahmen unserer menschlichen Natur tritt der Zorn als Reflex auf eine Enttäuschung auf, gleichsam als Reaktion, weil wir ein gestecktes Ziel nicht erreicht haben. (Siehe Anhang, *Ihre Meinung ist gefragt 16*).

Positive und negative Aspekte des Zorns

Nur allzu oft denken wir negativ über den Zorn. Dabei hat er durchaus positive Seiten; denken wir nur an unseren angeborenen Selbsterhaltungstrieb. Wird unser Leben bedroht, können wir in Zorn geraten. Dieser Zorn treibt uns dann dahin, das schier Unmögliche zu leisten, um zu überleben.

„Aber Recht ergieße sich wie Wasser und Gerechtigkeit wie ein immerfließender Bach!“ hat Gott durch den Propheten Amos verkündet (Amos 5,24). Viele von uns wollen, daß Recht und Gerechtigkeit sich durchsetzen. Wird dieses Ziel nicht erreicht, sind wir zornig, und das ist gut so. Wenn wir erleben, wie andere Menschen zu Unrecht verletzt oder übervorteilt werden, wenn wir sehen, wie manche Menschen leiden, erfüllt uns das mit Zorn, weil wir mit solchen Bedingungen nicht einverstanden sind. Die Energie, die unsere Empörung in uns freisetzt, kann uns motivieren, Ungerechtigkeiten aus der Welt schaffen zu helfen.

Natürlich werden wir nicht immer aus solch edlen Beweggründen zornig, sondern häufiger aus der Sorge um unsere eigene Person; wir sind nämlich egoistisch. Wenn wir unseren Willen nicht durchsetzen können, sind wir enttäuscht und werden zornig. Wir planen zum Beispiel etwas, mit dem unser Partner nicht einverstanden ist, und schon sind wir wütend.

„Aber ich habe doch schon ein Zimmer in dem Bergdorf reservieren lassen“, sagt er.

„Du weißt doch, wie allergisch ich gegen all die Pollen dort oben bin“, erwidert sie. „Ich möchte ans Meer.“

„Ja, aber ich bekomme am Strand *immer* einen Sonnenbrand. Warum nimmst du nicht einfach Tabletten gegen deine Allergie?“ fragt er.

„Aus demselben Grund, aus dem du kein Sonnenöl benutzt“, stichelt sie.

Und so geht es weiter. Die Enttäuschung, seinen Willen nicht durchsetzen zu können, steigert sich leicht zum Zorn. Unbewußt möchten wir, daß die Dinge, die wir tun oder haben wollen, zu dem von uns gewünschten Zeitpunkt geschehen. Nicht selten belastet der Zorn, der sich aus dem Nichterreichen unseres gesteckten Ziels entwickelt, das Verhältnis zu unserem Ehepartner.

Treffend beobachtete der Prophet Jeremia: „Trügerisch ist das Herz, mehr als alles, und unheilbar ist es" (Jeremia 17,9). Oft wissen wir selbst nicht, daß wir uns ärgern, weil wir das Gefühl hinter anderen Reaktionen verstecken. Unser Zorn verbirgt sich unter dem Deckmantel von Verstimmung, Aggression, Frustration, Haß, Wut, Entrüstung, Empörung, Ärger, Widerstreben, Verdrossenheit, Feindseligkeit, Verbitterung, Gehässigkeit, Verachtung und Trotz. Ungeachtet der Worte, die wir verwenden, sind wir, wenn wir der Sache auf den Grund gehen, schlicht und einfach zornig.

Unser Wortschatz ist reich an Möglichkeiten, um zornige Leute zu beschreiben. Wir bezeichnen sie als „sauer", verrückt, verbittert, entmutigt, „fuchsig", gereizt, erregt, kochend, verärgert, aufgebracht, „knatschig", wütend, ärgerlich, ungehalten, erzürnt, verletzt, verdrossen, angewidert, feindselig, wild, unversöhnlich, gefährlich, beleidigt usw.

Meistens zieht der Zorn ein Verhalten nach sich, das die Verständigung zwischen Mann und Frau empfindlich stört. Wir beschreiben es mit Wörtern wie hassen, verletzen, schaden, zerstören, verachten, verschmähen, verabscheuen, verunglimpfen, verwünschen, zugrunde richten, kaputtmachen, lächerlich machen, sticheln, auf den Arm nehmen, sich lustig machen, demütigen, aufstacheln, beschämen, kritisieren, schneiden, jemandem eins auswischen, herziehen über, anbrüllen, erniedrigen, verärgern, aufrütteln, reinlegen, ächten, sich streiten, fertigmachen, überwältigen, zu nahe treten, schikanieren usw.

Wenn wir unsere Gefühle und unser Handeln unter diesen Begriffen wiederfinden, sollten wir endlich aufhören, uns etwas vorzumachen. Wir sind in der Tat wütend und müssen Wege finden, damit umzugehen.

Was sagt die Bibel zum Thema „Zorn"?

Die Bibel enthält so manche Verhaltensmaßregel und so manchen Gedanken in bezug auf das Gefühl, das wir als Zorn bezeichnen.

Es heißt dort, daß man bestimmte Formen des Zorns ablegen soll:

„Alle Bitterkeit und Wut und Zorn [Gefühlsausbrüche, Wutanfälle, Gereiztheit] und Geschrei [laute Auseinandersetzungen, Tumulte, Zänkereien] und Lästerung [Verleumdungen, Schimpfworte] sei von euch weggetan, samt aller Bosheit [Gehässigkeiten, nachtragendes Verhalten, jede Art von Gemeinheit]" (Epheser 4,31 mit Erläuterungen).

In diesem Vers beschreibt Paulus den Zorn als ungestümen, leidenschaftlichen Gefühlsausbruch in uns.

Ebenfalls soll ein Christ seinen andauernden gewohnheitsmäßigen Ärger ablegen, den Ärger, der sich am Nächsten rächen will:

„Jetzt aber legt auch ihr das alles ab: Zorn, Wut, Bosheit, Lästerung, schändliches Reden aus eurem Mund" (Kolosser 3,8).

Die Schrift lehrt uns, andere nicht zum Ärger zu reizen:

„Wie das Knurren eines Junglöwen ist der Schrecken des Königs, wer sich seinen Zorn zuzieht, verwirkt sein Leben" (Sprüche 20,2).

„Ihr Väter, reizt eure Kinder nicht, damit sie nicht mutlos werden“ (Kolosser 3,21; siehe auch Epheser 6,4).

Überdies finden wir in der Bibel die Aussage, daß wir „langsam zum Zorn“ sein (das heißt, unseren Ärger beherrschen) und uns vor dem Umgang mit Menschen hüten sollen, die ständig wütend oder feindselig sind:

„Besser ein Langmütiger als ein Held, und besser, wer seinen Geist beherrscht, als wer eine Stadt erobert“ (Sprüche 16,32).
„Ein hitziger Mann erregt Zank, aber ein Langmütiger beschwichtigt den Rechtsstreit“ (Sprüche 15,18).
„Laß dich nicht ein mit einem Zornigen, und mit einem Mann, der sich schnell erregt, verkehre nicht, damit du dich nicht an seine Pfade gewöhnst und eine Falle stellst für dein Leben“ (Sprüche 22,24.25).

Die Bibel spricht aber auch vom „gerechtfertigten“ Zorn. Ein Beispiel für diese Art von Zorn findet sich in der Beschreibung eines Ereignisses im Leben Jesu:

„Und er blickte auf sie umher mit Zorn, betrübt über die Verhärtung ihres Herzens, und spricht zu dem Menschen: Strecke deine Hand aus! Und er streckte sie aus, und seine Hand wurde wiederhergestellt“ (Markus 3,5).

Mit dem Satz „Zürnet, und sündiget dabei nicht! Die Sonne gehe nicht unter über eurem Zorn ...“ (Epheser 4,26) beschreibt Paulus zunächst den Zorn, der sich entschieden gegen Sünde und sündiges Verhalten richtet. Man ist sich seines Zornes bewußt, hat ihn aber gleichzeitig unter Kontrolle. Gott fordert uns mit diesem Vers geradezu auf, zornig zu sein – jedoch über die rechte Angelegenheit! Da Gott uns als fühlende Wesen erschaffen hat, gehört auch das Gefühl „Zorn" zu unserer Natur. Der Ausdruck „... und sündiget dabei nicht" dient als Mahnung, nicht zu weit zu gehen. Nur der gerechtfertigte Zorn, das heißt, der Zorn, der sich gegen die Sünde und sündiges Verhalten richtet und voll unter der Kontrolle des Menschen steht, wird von Gott gutgeheißen.

Mit dem Vers „Die Sonne gehe nicht unter über eurem Zorn" will Paulus noch etwas anderes sagen, denn in diesem Zusammenhang bringt er den Zorn mit Verärgerung, Wut und Verbitterung in Verbindung. Wie bereits an Epheser 4,31 und Kolosser 3,8 aufgezeigt, sollen wir diese Art des Zorns ablegen. Sollte uns ein derartiger negativer Zorn erfassen, ist es unsere Aufgabe, damit schnell, „vor Sonnenuntergang", fertigzuwerden. Gott gibt uns den guten Rat, niemals verärgert oder verbittert zu Bett zu gehen, da uns das sicherlich unseren Schlaf rauben würde. (Siehe Anhang, *Ihre Meinung ist gefragt 17*).

Wie wir mit Zorn umgehen

Wie verhalten sich Menschen – besonders in der Ehemann-Ehefrau-Beziehung –, wenn sie zornig sind? Die meisten Menschen reagieren auf Zorn mit einem der folgenden vier Verhaltensmuster.

1. Seinen Zorn zurückhalten. Wer seinen Zorn zurückhält, umgibt ihn gleichsam mit einer Mauer. Man weiß um seine Wut, versucht aber bewußt, seinen Ärger zu beherrschen, statt ihn durch unkontrollierte Worte oder Taten preiszugeben.

Zurückgehaltenen Zorn hatte der Verfasser der Sprüche im Sinn, als er schrieb: „Seinen ganzen Unmut läßt der Tor herausfahren, aber der Weise beschwichtigt ihn zuletzt" (Sprüche 29,11). Derselbe Gedanke findet sich auch in Sprüche 14,29: „Der Langmütige ist reich an Verständnis, aber der Jähzornige trägt Narrheit davon."

Im Neuen Testament gibt Jakobus uns einen guten Rat, wie man Zorn zurückhält: „Jeder Mensch sei schnell zum Hören, langsam zum Reden, langsam zum Zorn" (Jakobus 1,19). „Schnell zum Hören" bedeutet auch „aufmerksam zuhören". Wenn man einem Gespräch aufmerksam folgt und sich lange genug zurückhalten kann, um über das nachzudenken, was man erwidern will, kann man seinen Zorn in der Regel auf eine gesunde Art und Weise im Zaum halten. „Reden Sie nicht, wenn Sie aufgebracht sind, sondern erst dann, wenn Sie sich beruhigt haben."[1]

Es ist jedoch wichtig, schließlich über seinen Zorn zu sprechen, da man ihn erkennen und auf eine gesunde Weise verarbeiten muß. Sonst könnte es sein, daß Ihre Speicherkapazität zum falschen Zeitpunkt und am verkehrten Ort erschöpft ist.

2. Seinen Zorn bekunden. Dem unterdrückten Zorn steht der bekundete Zorn gegenüber. Zorn ist eine starke Gefühlsregung und muß sich äußern können. Einige Leute befürworten sogar, daß man sich einfach gehen lassen soll, um die Gefühle ohne Rücksicht auf möglichen Schaden auf der Stelle auszuleben.

Zugegebenermaßen erzielt man mit einem leidenschaftlichen Zornesausbruch, mit Brüllen, heftigen Worten und Gefühlsentladungen ein Ergebnis, doch ist dies im allgemeinen nicht sonderlich positiv. Gern geben wir zu verstehen, daß es uns jetzt besser gehe, weil wir „es losgeworden" sind, aber in Wirklichkeit haben weder wir noch die Menschen, die wir heftig attackieren, einen Gewinn von den unbeherrschten Äußerungen unseres Zorns. Für alle Beteiligten ist es besser zu warten, bis sich der Zorn abgekühlt hat. Lesen Sie noch einmal Sprüche 29,11 und 14,29. Salomo sagt klipp und klar, daß der Tor seinen unbeherrschten Zorn wütend herausläßt, während der Weise sich damit zurückhält.

Das heißt nicht, daß man seinen Zorn gar nicht zu erkennen gibt. Manche Menschen drücken ihren Zorn aus, indem sie ihm eine neue Richtung geben. Sie beschäftigen sich mit Dingen, die einen Teil der durch den Zorn erzeugten Energie verbrauchen, und beruhigen auf diese Weise ihre Gefühle. Die Aktivitäten reichen vom Rasenmähen über das Spazierengehen bis hin zum Niederschreiben der eigenen Empfindungen. Alles was körperliche Anstrengung erfordert – Fußbodenschrubben, Autowaschen –, ist geeignet, mit dem angestauten Wutgefühl fertigzuwerden. Jede Handlungsweise, die Ihnen hilft, sich zu beruhigen und Ihre Gefühle unter Kontrolle zu bringen, ist zulässig, wenn Sie dabei andere Menschen nicht verletzen noch deren Eigentum beschädigen oder auf andere Weise sündigen.

3. Seinen Zorn verdrängen. Wer seinen Zorn verdrängt, will einfach nichts davon wissen, daß er wütend ist. Viele Christen praktizieren gerade diese Art der „Zornbewältigung".

Als Christ mögen Sie zu der Überzeugung kommen, daß Ihre Christusnachfolge sich nicht mit dem Zorn verträgt, daß der Zorn ein für Sie nicht zulässiges Gefühl ist. Wenn also Zorngefühle in Ihnen aufsteigen, weigern Sie sich, ihr Vorhandensein anzunehmen. Predigten und möglicherweise Dinge, die Sie gelesen haben, haben Sie gelehrt, Zorn sei immer Sünde und daher für einen praktizierenden Christen verboten.

Dem ist nicht so; die Bibel lehrt etwas anderes. Der Zorn ist ein von Gott gegebenes Gefühl, und die Bibel lehrt nicht, daß man seinen Zorn verdrängen, sondern daß man ihn unter Kontrolle halten soll. Der Zorn ist gewissermaßen ein notwendiger Teil unserer Persönlichkeit und Veranlagung.

Bei einem Autor ist zu lesen: „Wer nicht fähig ist zu zürnen, dem fehlt jedwede Energie, sich zu bessern. Das Leben eines solchen Menschen ist ohne Flamme; es dient nicht der Reinigung ... Das Neue Testament lehrt uns, daß diese Kraft der Ungehaltenheit zuweilen vom Heiligen Geist kommt, der uns zu gesunder Hitze fähig macht und das Feuer in uns entfacht. Denn der Heilige Geist bringt keinen lauwarmen, unbeteiligten, gleichgültigen Menschen hervor."[2]

Zorn nicht zu beachten bzw. sein Vorhandensein zu bestreiten, ist *nicht* heilsam. Seinen Zorn zu verdrängen, ist so, als nähme man einen Papierkorb, stellte ihn in einen Schrank und setzte ihn in Brand. Das Feuer kann von selbst ausbrennen, es kann aber auch das ganze Haus erfassen und es bis auf die Grundmauern niederbrennen. Magengeschwüre, Angstzustände, Kopfschmerzen oder Depressionen sind in der Tat oft Reaktionen auf verdrängten Zorn.

Der bereits mehrfach zitierte Dr. David Augsburger bemerkt in einem seiner Bücher: „Verdrängter Zorn schmerzt und bleibt schmerzhaft. Geht man in der Weise damit um, daß man ihn fest unter Kontrolle behält oder einfach unter den Teppich kehrt, kann der Mangel an Entspannung und Beruhigung zu persönlicher Härte oder Kälte führen ... Andererseits kann verdrängter Zorn sich indirekt in Kritiksucht, falschen Schuldzuweisungen oder Reizbarkeit niederschlagen."[3]

John Powell bringt das Problem auf den Punkt, indem er schreibt: „Wenn ich meine Empfindungen verdränge, schlägt mir das auf den Magen."[4]

Wenn Sie sich davor fürchten, sich selbst gegenüber Ihren Zorn einzugestehen, dann denken Sie daran, daß das Wort Gottes für dieses Gefühl Verständnis aufbringt. Obwohl die Bibel dazu anhält, Zornausbrüche zu vermeiden und die Wut unter Kontrolle zu halten, sagt sie mit keinem Wort, daß Sie Ihren Zorn nicht zur Kenntnis nehmen sollen.

Der Zorn erfüllt einen Zweck, denn Gott selbst zürnt gegen das, was falsch ist. „Denn es wird geoffenbart Gottes Zorn vom Himmel her über alle Gottlosigkeit und Ungerechtigkeit der Menschen" (Römer 1,18). Markus 3,5 berichtet von einer Situation, in der Christus zornig war: „Und er blickte auf sie umher mit Zorn, betrübt über die Verhärtung ihres Herzens."

Wie bereits erwähnt, war der Apostel Paulus sich der Tatsache bewußt, daß der Zorn zum Leben gehört. Aus diesem Grund schrieb er: „Zürnet, und sündiget dabei nicht" (Epheser 4,26). Wohlgemerkt, er schrieb nicht: „Sündigt nicht, indem ihr zürnt."

Die Sache ist die, daß man durch das Eingeständnis von Zorn im Leben auf vernünftige Art und Weise auf das Problem reagiert. Ignoriert man seinen Zorn und verdrängt seine Gefühle, macht man die Sache nur noch schlimmer. Wenn man zürnt, handelt es sich nicht zwangsläufig um eine Sünde; die Verdrängung des Zorns jedoch ist immer eine Sünde.

Dr. William Menninger äußert dazu folgendes: „Manchmal stoßen wir einander zurück, und das Problem gärt in jedem von uns fort. Wie nach einer Operation muß der Eiter abfließen können, wenn Heilung stattfinden soll."[5]

Verdrängen ist die denkbar schlechteste Reaktion auf eine Anwandlung von Zorn. Doch unglücklicherweise ist diese Reaktion unter Christen allzu weit verbreitet.

4. Seinen Zorn eingestehen. Es gibt Menschen, die ihren aufkommenden Zorn erkennen und ihn zugeben können, ehe ihre Gefühle außer Rand und Band geraten. Ist die Lage gespannt, kommen Sie Ihrem Partner mit einer derartigen Reaktion sehr entgegen. Das Geheimnis besteht darin, Ihren Zorn so kundzutun, daß er Ihrem Partner einleuchtet. Sie könnten sagen: „Weißt du, wie das Gespräch sich entwickelt, werde ich allmählich wütend. Ich will aber nicht wütend werden, und ich weiß, daß du nicht möchtest, daß ich wütend bin. Deshalb hören wir am besten auf und fangen noch einmal von vorne an. Vielleicht kann ich meine Gefühle ja beherrschen."

Auf keinen Fall aber dürfen Sie sagen: „Du machst mich wütend." Damit schieben Sie Ihrem Partner die Schuld zu und drängen ihn oder sie in die Defensive. *Es ist wichtig einzusehen, daß Sie allein für Ihre gefühlsmäßige Reaktion auf einen anderen Menschen verantwortlich sind.* Gestehen Sie Ihren Ärger einem anderen gegenüber ein, heißt das lediglich, daß Sie bereit sind, Ihr Problem zuzugeben. Sie könnten sagen: „Es tut mir leid, daß ich wütend bin. Was kann ich jetzt tun, damit wir ins reine kommen können?"

In Epheser 4,26.27 finden sich einige gute Hinweise darauf, wie man durch ein Eingeständnis auf den Zorn reagieren kann: „Zürnet, und sündiget dabei nicht! Die Sonne gehe nicht unter über eurem Zorn, und gebt dem Teufel keinen Raum."

Paulus war sehr wohl bewußt, daß schwelender Zorn sich in verzehrenden Haß verwandeln kann. Deshalb rät er den Ephesern (und auch uns), niemals einen Groll gegen jemanden zu hegen und die Wut im Innern nagen zu lassen. Seinen Zorn zugeben, heißt Farbe bekennen und sich dadurch die Möglichkeit schaffen, über die Ursachen zu reden.

Im allgemeinen fällt es den meisten von uns schwer, unseren Zorn einzugestehen, denn zu dem Zeitpunkt, an dem wir unsere Wut zugeben, ist unserem Ehepartner oder jedem anderen, dem wir zürnen, schon längst klar, daß wir zweifelsohne verärgert und gereizt sind. Die Lösung besteht darin, Ihren Zorn auf eine Art und Weise zuzugeben, die Ihrem Gegenüber nicht das Gefühl vermittelt, daß Sie bereits wütend auf ihn oder sie sind! (Siehe Anhang, *Ihre Meinung ist gefragt 18*).

Machen Sie das Beste aus Ihrem Zorn

In einem seiner Bücher schlägt David Augsburger vor, das Beste aus dem Zorn zu machen. Zuallererst muß ein Mensch begreifen, daß

„... Zorn als Gefühl wichtig und natürlich ist. Als Empfindung ist er an sich weder gut noch schlecht; nur die Art und Weise, wie man ihn freisetzt und auslebt, entscheidet über gut oder schlecht.
Seien Sie ruhig zornig, doch seien Sie sich dessen bewußt. Niemals sind Sie verwundbarer als in einer derartigen Situation, denn die Selbstbeherrschung befindet sich auf einem Tiefpunkt, die Vernunft ist herabgesetzt, und der gesunde Menschenverstand läßt einen normalerweise im Stich.
Seien Sie zornig, doch seien Sie sich dessen bewußt, daß Zorn sich schnell in Bitterkeit verwandelt. Wenn die Liebe ihn nicht zügelt, entwickelt er sich zu Empfindlichkeit, Haß, Boshaftigkeit und nimmt sogar gewalttätige Formen an.
Seien Sie zornig, doch lediglich, um anderen Ihre Freundlichkeit zu zeigen. Nur wenn Ihr Zorn aus der Liebe zu Ihrem Nächsten, aus der Liebe zu den Dingen,

die für andere gut sind, aus der Liebe zu den Dingen, die Gott von Ihnen fordert, erwächst, handelt es sich um schöpferischen, aufbauenden Zorn.
Machen Sie das Beste aus Ihrem Zorn. Verwandeln Sie ihn aus der selbstsüchtigen Abwehrhaltung in selbstloses Mitgefühl."[6] (Siehe Anhang, *Wie wollen Sie vorgehen? 6*).

KAPITEL 7

Den Zorn in den Griff bekommen – ehe er Sie in den Griff bekommt

Ob es Ihnen gefällt oder nicht, der Zorn ist Teil des Lebens – auch des Ehelebens. Er ist, wie es das vorangegangene Kapitel zeigt, ein Gefühl, mit dem Gott uns Menschen ausgestattet hat. Leider sind wir kaum in der Lage, angemessen mit dem Zorn umzugehen. Entweder nimmt unser Zorn falsche Ursachen zum Anlaß, oder wir drücken unsere Zornesgefühle so aus, daß sie andere verletzen, anstatt uns und auch den anderen zu helfen.

Wie kritisch sind Sie?

Eine Ursache für Zorn ist zum Beispiel Kritiksucht. Ein zorniger, feindseliger Mensch ist in den meisten Fällen auch ein kritischer Mensch, der seine Mitmenschen unmittelbar oder hintergründig angreift. Wenn Ihnen das Verhalten anderer fortwährend mißfällt, gehören auch Sie möglicherweise zu diesem Menschenschlag. Suchen Sie bei anderen nach Fehlern und Schwächen und sind sich dieser dann allzusehr bewußt, entwickeln Sie sich zu einem überkritischen, feindseligen Menschen. Niemals ist ein solcher Mensch glücklich, er entfremdet sich vielmehr immer mehr von seinen Mitmenschen.

Sind Sie wirklich kritisch? Stellen Sie sich folgende Fragen: Verbringe ich mehr Zeit damit, innerlich andere zu kritisieren als über deren starke Seiten nachzudenken? Tun andere Menschen Dinge, die mich so sehr stören, daß ich mit ihnen darüber reden muß? Spreche ich abfällig über andere, wenn sie nicht anwesend sind? Fordere ich von anderen Dinge, die ich selbst nicht einhalten kann? Dränge ich andere dazu, nach meinen Grundsätzen zu leben, damit ich sie besser akzeptieren kann? Ein derartiges Verhalten zeugt von einer kritischen, feindseligen Einstellung.

Warum kritisieren wir so gern? Ganz einfach: weil es die Aufmerksamkeit von uns ablenkt, weil wir uns auf Kosten anderer besser fühlen. In einem Buch über das Verhältnis von Psychologie und Moral lesen wir: „Es ist buchstäblich wahr, daß wir durch die Einschätzung anderer unsere eigenen verborgenen Fehler ausposaunen. Wir personifizieren unsere nicht erkannten Schwächen und hassen andere für die Sünden, denen wir selbst heimlich verfallen sind." Weiterhin schreibt der Autor, daß der wahre Grund, warum wir bei anderen Menschen bestimmte Sünden mißbilligen, darin bestehe, daß eben diese Sünden für uns eine Versuchung sind. Deshalb prangern wir den Geiz, die Selbstgerechtigkeit oder den Zynismus anderer so rückhaltlos an. Die Dinge, die wir bei anderen am wenigsten tolerieren, gehören höchstwahrscheinlich zu den Lastern, die uns selbst bedrängen. „Die meisten unserer Gefühle richten sich gegen uns selbst", schreibt der Autor. „Wenn Sie einem Menschen gestatten, seinen Gefühlen freien Lauf zu lassen, können Sie hingehen und mit absoluter Sicherheit sagen: ‚Du selbst bist es.'"[1]

Wann immer wir leidenschaftliche Vorurteile, Intoleranz, Kritiksucht und Zynismus finden, ist es wahrscheinlich, daß wir unsere Gefühle auf einen anderen

Menschen übertragen haben: neigen wir doch dazu, unsere eigenen unerwünschten Anlagen in anderen wiederzufinden. (Siehe Anhang, *Ihre Meinung ist gefragt 19*).

Heilsames und falsches Verhalten im Zorn

Während die Schwierigkeit mancher Menschen in ihrer kritischen Einstellung besteht, sind die meisten von uns mit dem noch größeren Problem behaftet, daß sie ihren Zorn zum eigenen Schaden und zum Schaden anderer äußern. Nehmen wir einmal an, Sie verleben Ihren Tag, ohne jemanden oder etwas besonders kritisch zu betrachten. Doch dann steigen plötzlich (oder auch nicht so plötzlich) Wutgefühle in Ihnen auf. Wie gehen Sie damit um? Stehen Sie ihnen hilflos gegenüber? Bekommen Sie einen Tobsuchtsanfall, weil „Sie nun mal so sind"? Das ist lediglich ein Vorwand. Wenn Sie nicht wollen, macht der Zorn Sie auch nicht „hilflos" – es sei denn, Sie finden heimlich Gefallen daran, Ihrem Zorn Luft zu machen.

In Wirklichkeit aber liegt die Entscheidung bei Ihnen, denn Sie können auf Ihre Wut auf heilsame oder schädliche Art und Weise reagieren.

Lassen Sie uns zunächst einige schädliche Reaktionen betrachten, die dazu führen, daß Sie Ihrem Zorn weiterhin „hilflos" ausgeliefert sind.

Anleitung zu falschem Verhalten im Zorn

Ignorieren Sie Ihre gefühlsmäßigen Reaktionen. Reden Sie sich ein, selbst wenn Sie Ihrem Ehepartner zürnen, daß Ihre Gefühle nichts mit dem Wortwechsel zu tun haben. Oder besser noch: Wenn Sie den Streit beilegen wollen, machen Sie sich bewußt, daß Sie sich überhaupt nicht aufregen. Schön, Sie schwitzen ein wenig – vielleicht ist ja nur der Raum überheizt.

Schlucken Sie Ihren Ärger hinunter, damit er nicht mit Ihren Gedanken kollidiert. Bleiben Sie auf einem verstandesmäßigen Niveau; lassen Sie Ihren Partner auf keinen Fall merken, wie Sie sich fühlen.

Leugnen Sie Ihre Empfindungen. Wiederholen Sie ständig: „Ich bin nicht wütend, ich bin nicht wütend." Schön, Sie haben ein seltsames Gefühl im Magen und schwitzen unübersehbar. Wenn Sie Ihrem Partner gegenüber darauf beharren, daß Sie nicht zornig sind, wird er Ihnen glauben.

Bleiben Sie mit Ihren Gedanken bei der Auseinandersetzung, und denken Sie darüber nach, wie Sie es Ihrem Partner heimzahlen können. Es ist klar, daß derjenige mit den richtigen Schachzügen und den klugen Sprüchen der Diskussion neue Impulse verleiht und als Sieger aus dem Streit hervorgeht. Das zählt doch, oder? Man muß versuchen, die Auseinandersetzung für sich zu entscheiden, besonders dann, wenn es sich um einen Streit mit dem Ehepartner handelt, nicht wahr?

Geben Sie Ihrem Partner die Schuld, wenn Sie wirklich wütend werden. Es liegt sicherlich an ihm. Wenn Sie sich mit Ihrem Ehepartner streiten, ist es wichtig, die Stimme zu erheben. Finden Sie etwas, das Sie an Ihrem Partner auszusetzen haben, und zeigen Sie diesen Fehler in aller Deutlichkeit auf (sparen Sie dabei übrigens nicht mit Übertreibungen). Nützlich sind rationale Wendungen wie: „Es ist völlig unmöglich, irgend etwas mit dir zu diskutieren. Du bist einfach zu überheblich. Nie (auch derartige Verallgemeinerungen sind nicht schlecht) hörst du zu. Du hältst dich wohl für

Gott, was?" Als guter Christ sagen Sie alle diese Wahrheiten natürlich in aufrichtiger Liebe.

Lernen Sie nicht aus Ihren Gefühlen. Verlassen Sie verärgert den Raum, schlucken Sie eine oder zwei Aspirintabletten, und machen Sie sich Gedanken darüber, wie unvernünftig Ihr Partner war, ist und immer sein wird![2]

Wie eines Rezeptes, das unweigerlich das Scheitern einer Ehe herbeiführt, kann man sich dieser „unheilsamen" Reaktionen bedienen. Unglücklicherweise ist solches Verhalten für viele Ehemänner und Ehefrauen nur allzu typisch. In einem Buch über den Lernprozeß in der Ehe ist zu lesen, daß „nur wenige Ehepaare mit der sozialen Befähigung und der emotionalen Reife ausgestattet sind, sich konstruktiv zu streiten, zum Besten ihrer Ehe. Infolgedessen meinen wir, daß es für die meisten Ehepaare dringend erforderlich ist, sich diese Fähigkeit anzueignen und ihre Gefühlsstärke ausreichend zu festigen, um sich auf derartige Begegnungen einlassen zu können. Wir glauben, daß die meisten Ehepaare einem konstruktiven Streit eher aus dem Weg gehen, weil einer oder beide wissen, daß sich zwangsläufig Veränderungen ergeben müssen, wenn eine angemessene Kommunikation zwischen ihnen stattfinden soll."[3]

Um diese jedoch in die Tat umzusetzen, müssen die Ehepartner zu gegenseitigem Vertrauen bereit sein; sie müssen es wagen, einander ihre Gefühle anzuvertrauen und sich einzugestehen, daß die Dinge, die sie hören und empfinden, ihnen wehtun oder sie beunruhigen. Sehr oft sind Mann und Frau allerdings zu stolz, voreinander zuzugeben, daß sie sich unbehaglich fühlen, verärgert oder verletzt sind usw. Und dieses Ergebnis ist der Stillstand jeder Kommunikation. Im Gegensatz dazu bemerkt Dwight Small: „In einer engen Beziehung gründet sich jede Kommunikation auf gegenseitiges Vertrauen. Es ist verhältnismäßig sicher, einander Vertrauen zu schenken, da man eine gemeinsame Vertrauensgrundlage besitzt. Das gegenseitige Vertrauen wächst in dem Maße, wie man den Partner als einen Menschen im Blick hat, dessen Glück aufs engste mit dem eigenen verwoben ist."[4]

Wie steht es nun mit dem Gegenmittel gegen alle diese schädlichen Reaktionen? Es gibt tatsächlich eines: wenn Mann und Frau bereit sind, auf ihren Zorn heilsam zu reagieren.

Anleitung zu richtigem Verhalten im Zorn

Seien Sie sich Ihrer Gefühle bewußt. Lassen Sie den Streit einen Augenblick außer acht, und stellen Sie Ihre gefühlsmäßigen Reaktionen in den Mittelpunkt. Was genau empfinden Sie? Verlegenheit – weil ihre Behauptung sich besser anhört? Angst: „Er wird böse; hoffentlich schlägt er mich nicht!"? Überlegenheit: „Ich bin ihr punktemäßig voraus, und sie weiß das!"?

Fürchten Sie sich nicht davor, Ihre Gefühle einzugestehen. Lehnen Sie sich zurück, und sehen Sie der Tatsache ins Auge, daß Sie zornig sind. Wenn Sie ehrlich sind, werden Sie zugeben, daß Sie „echt geladen" sind und nicht nur ein „wenig" gereizt oder deprimiert.

Finden Sie heraus, wie das Gefühl entstanden ist. Stellen Sie sich die Fragen: „Warum bin ich überhaupt zornig? Warum geht mein Ehepartner mir auf die Nerven?" Versuchen Sie, den Ursprung Ihres Empfindens ausfindig zu machen. Vielleicht stoßen Sie dabei auf einen verborgenen Minderwertigkeitskomplex, den Sie bislang nicht erkannt haben, oder eine Schwäche, die Sie Ihrem Ehepartner gegenüber nicht zugeben wollten.

Lassen Sie Ihren Ehepartner an dem Gefühl teilhaben. Bringen Sie einfach die Tatsachen vor, ohne sie zu beurteilen oder zu deuten. Sagen Sie zum Beispiel zu Ihrem Partner: „Laß uns aufhören, denn ich sage Dinge, die ich eigentlich nicht so meine, und das möchte ich nicht." Was immer Sie unternehmen – verurteilen oder beschuldigen Sie auf keinen Fall Ihren Ehepartner, denn es ist nicht seine Schuld, daß Sie zornig sind. Lasten Sie die Schuld Ihrem Partner auch nicht heimlich an.

Entscheiden Sie, wie Sie mit dem Gefühl umgehen wollen. Wie gehen Sie am besten vor? Vielleicht äußern Sie Ihrem Partner gegenüber: „Laß uns noch einmal von vorne beginnen. Ich glaube, ich habe mich zu sehr in der Defensive befunden, um dir zuzuhören. Ich möchte es noch einmal versuchen." Oder, falls nötig: „Macht es dir etwas aus, wenn wir das Thema für den Augenblick fallenlassen? Ich fürchte, ich bin zu gereizt, um jetzt noch weiter darüber zu reden." (Doch vergessen Sie nicht, später tatsächlich darauf zurückzukommen, da die Schwierigkeiten sonst noch größer werden und in Ihnen beiden gären.)

In ihrem Buch *Familientherapie* läßt Virginia Satir viele der oben genannten Probleme anklingen. Unter anderem schreibt sie:

„Zusammengefaßt kann eine Person, die auf funktionale (heilsame) Weise kommuniziert a) ihre Angelegenheit sicher vortragen, b) gleichzeitig das, was sie sagt, verdeutlichen, c) ebenso um ‚Rückmeldung' bitten und d) die ‚Rückmeldung' willkommen aufnehmen, wenn sie sie bekommt."[5]

Einige weitere Vorschläge, wie man heilsam mit gefühlsüberlasteten Situationen umgeht, bieten Howard und Charlotte Clinebell in einem ihrer Bücher:

„Vielleicht hilft es einem Ehepaar, sich folgende Fragen zu stellen: Ist diese Angelegenheit wirklich einen Streit wert, oder leidet bloß meine Selbstachtung darunter, daß mein Ehepartner etwas gesagt oder getan hat? Was möchte ich, und was möchte mein Partner in bezug auf diese Angelegenheit oder diesen Problembereich, das wir nicht bekommen? Was muß ich in die Beziehung einbringen, um die Bedürfnisse meines Partners oder meine eigenen in diesem Bereich zu befriedigen? Welchen nächsten kleinen Schritt können wir jetzt auf die Verwirklichung der Entscheidung hin unternehmen, die wir durch eine auf Geben und Nehmen ausgerichtete Diskussion gemeinsam gefällt haben?“[6] (Siehe Anhang, *Ihre Meinung ist gefragt 20*).

Praktische Tips, mit dem Zorn fertigzuwerden

Es ist sicherlich hilfreich zu wissen, was Zorn ist, was ihn verursacht, wie verschiedenartig man darauf reagieren kann, was die Bibel zum Thema Zorn sagt, daß man sich im Zorn heilsam bzw. schädlich verhalten kann usw. Letztlich aber zählt, wie Sie mit Zorngefühlen umgehen, wenn diese sich bei Ihnen entwickelt haben. Gewissermaßen als Zusammenfassung des Kapitels über den Zorn führen wir im folgenden zehn praktische Tips an, wie man seiner Wut begegnen und ihrer Herr werden kann. Vergessen Sie aber bitte eines nicht: Ein Christ weiß darum, daß er aus eigener Kraft nicht in der Lage ist, den Zorn (bzw. jede andere Schwierigkeit) völlig unter seine Kontrolle zu bekommen, sondern er verläßt sich auf die Leitung und die Kraft des Heiligen Geistes. Gerade dann, wenn man in Zorn gerät, braucht man den Heiligen Geist besonders.

Folgen wir unseren eigenen falschen Neigungen (dem Fleisch), so Galater 5,19.20, erzielen wir in unserem Leben schlechte Ergebnisse. Zu den im Galaterbrief angeführten „schlechten Ergebnissen" zählen Feindschaften und Hader, Eifersucht und Zornausbrüche ... Zwistigkeiten und Parteiungen, das Gefühl, daß alle unrecht haben, nur man selbst nicht.

Andererseits: „Die Frucht des Geistes aber ist: Liebe, Freude, Friede, Langmut, Freundlichkeit, Güte, Treue, Sanftmut, Enthaltsamkeit" (Galater 5,22).

Vor dem Hintergrund der Worte des Paulus an die Galater über den Umgang mit Zorn und anderen Empfindungen bieten wir Ihnen im folgenden zehn praktische Schritte, die Sie gehen können.

1. Seien Sie sich Ihrer gefühlsmäßigen Reaktionen bewußt. Stellen Sie sich die Frage: „Was empfinde ich überhaupt?"

2. Nehmen Sie Ihre Gefühle an, und geben Sie zu, daß Sie empfinden, wie Sie empfinden. Wenn Sie sich Zorn eingestehen, bedeutet das nicht notwendigerweise, daß Sie ihn ausleben müssen.

3. Versuchen Sie herauszufinden, warum Sie wütend sind. Wie ist Ihre Wut zustande gekommen? Wie in Kapitel 6 angeführt, rührt unser Zorn oft von Enttäuschungen her, denn wir leiden darunter, wenn unsere Wünsche, Pläne, Triebe, Hoffnungen, unser Ehrgeiz, Verlangen und Wille unerfüllt bleiben. Werden Sie zornig, dann fragen Sie sich: „Rührt mein Zorn aus der Vereitelung bestimmter Dinge?" Fragen Sie weiterhin: „Welche Art Enttäuschung ist es?" Die nächste Frage lautet: „Wer oder was ist die Ursache meiner Enttäuschung?" Und schließlich: „Welche positive Lösungsmöglichkeit fällt mir dazu ein?"

Zu anderen Ursachen, die uns wütend machen können, gehört die drohende Gefahr, körperlich oder seelisch Schaden zu nehmen. Auf eine Gefahr für unsere Sicherheit reagieren wir zu unserem eigenen Schutz mit Zorn.

Über Unrecht, das uns selbst oder anderen angetan wird oder in der Gesellschaft verbreitet ist, werden wir ebenfalls zornig. Oft handelt es sich hierbei um gerechtfertigten „Zorn aus edlen Beweggründen". Doch nur allzu leicht vermischt sich die gerechtfertigte Entrüstung über unhaltbare Zustände mit einer weiteren Grundursache des Zorns: dem Egoismus, der bei den meisten von uns der Hauptauslöser unserer Wut ist. Wenn wir ehrlich sind, müssen wir zugeben, daß unser Zorn daher rührt, daß wir unseren Willen nicht bekommen.

4. Können Sie die Situation so beeinflussen, daß Zorn erst gar nicht hochkommt? Wie haben Sie Ihr Gegenüber dahin gebracht, sich so zu verhalten, daß Sie mit Zorn reagierten?

5. Ist Zorn die beste Antwort? Schreiben Sie die Folgen Ihres Zorns nieder. Wie können Sie besser reagieren? Was könnten Sie mit Freundlichkeit, Wohlwollen und Verständnis dem anderen gegenüber bewirken? Sind Sie in der Lage, ihm Ihre Gefühle offen zu zeigen?

6. Werden Sie zu schnell zornig? Wenn das der Fall ist, atmen Sie einige Male tief durch, oder zählen Sie bis zehn. Besinnen Sie sich auf die Stärken und positiven Eigenschaften des anderen, nicht auf seine Fehler.

7. Sind Sie kritisch in bezug auf andere Menschen? Haben Sie etwas davon? Seien Sie anderen gegenüber weniger mißtrauisch, und achten Sie auf das, was diese Menschen sagen und fühlen. Schätzen Sie ihre Stellungnahmen, anstatt sie zu verurteilen, denn vielleicht können sie Ihnen irgendwie helfen. Entspringen Ihre Kritiksucht oder Ihr Zorn dem Wunsch, sich besser als

andere zu fühlen? Liegen Sie mit Ihrer Meinung immer richtig, oder ist diese bisweilen korrekturbedürftig? Reden Sie weniger, und reagieren Sie nicht mehr so schnell auf andere. Geben Sie acht auf Ihr Gebärdenspiel, weil Sie dadurch dem anderen Ihre Ablehnung und kritische Haltung vermitteln können. Sind Sie in der Lage, Ihrem Gegenüber Anerkennung und Lob zu zollen, statt Kritik zu üben?

8. Manchmal sind Ihr Zorn und Ihre Kritik sicherlich berechtigt. Wenn Sie Ihren Gefühlen Luft machen, überlegen Sie vorher, was Sie sagen wollen, und gehen Sie so vor, daß Ihr Gesprächspartner Ihre Worte überhaupt annehmen kann. Achten Sie auf den richtigen Zeitpunkt, zeigen Sie Taktgefühl, und versuchen Sie, dem anderen zu helfen, statt ihn in Stücke zu reißen.

9. Suchen Sie sich eine Person Ihres Vertrauens, der Sie Ihr Herz ausschütten und deren Anregungen Ihnen das Verständnis für die Probleme erleichtern. Gestehen Sie diesem Freund gegenüber Ihre Gefühle offen ein, und bitten Sie ihn um Rat.

10. Beten Sie für die Schwierigkeiten, die Ihre Gefühle Ihnen bereiten. Geben Sie Gott gegenüber Ihre Situation offen zu, und bitten Sie ihn um Hilfe. Lernen Sie die Bibelstellen auswendig, in denen vom Zorn und von unserem Verhalten dem Nächsten gegenüber die Rede ist, und setzen Sie diese Verse in die Tat um. (Beschäftigen Sie sich noch einmal mit den in Kapitel 6 genannten Versen, die den Zorn behandeln.)

Christ sein – und Zorn empfinden

Es ist in der Tat möglich, auf „christliche Weise“ zornig zu sein. Allerdings unterliegt der christliche Zorn drei Bedingungen:

- Er muß sich gegen etwas Verkehrtes und Schlechtes richten.
- Man muß ihn im Griff haben, das heißt, es darf sich nicht um einen hitzigen, unkontrollierten Gefühlsausbruch handeln.
- Haß, Böswilligkeit und Groll dürfen dabei nicht im Spiel sein.

Drei kurze Sätze – leichter gesagt als getan – besonders in der Ehe, wo die Gefühle tief gehen und man oft sehr empfindlich ist. Aber man kann damit umgehen, wenn man jedesmal nur einen kleinen Schritt unternimmt. Sie *müssen* damit umgehen können, wenn Sie und Ihr Partner lernen wollen, mit Zorn und Kontroversen fertigzuwerden.

In einem seiner ausgezeichneten Bücher schreibt Dwight Small: „In der Ehe lassen sich Auseinandersetzungen in der Tat kreativ zum Guten wenden; das gehört zum Wachstumsprozeß. Unterschätzen Sie niemals die positiven Möglichkeiten von Streit! ... Für die christliche Ehe ist der Streit – mit seiner Forderung nach Bekenntnis, Vergebung und Versöhnung – ein Mittel Gottes, mit dem er uns Demut lehrt."[7]

Fragen Sie sich einmal: „Will ich mich wirklich verändern und mit Zorn, Enttäuschungen und feindseligen Gefühlen besser umgehen können? Möchte ich Auseinandersetzungen wirklich kreativ zum Guten wenden?" Lautet Ihre Antwort „ja", dann lesen Sie das Gebet des Paulus für die Epheser (Epheser 3,16-21). Übergeben Sie Ihr Leben erneut Jesus Christus, überlassen Sie sich seiner Liebe, und lassen Sie diese Liebe und den Heiligen Geist auf Ihre Ehe einwirken – einen Lebensbereich, in dem alle möglichen Stufen von Zorn und Enttäuschung beinahe täglich vorkommen. Die Kraft Gottes wirkt in Ihnen, und er kann mehr tun, als Sie jemals zu erbitten oder zu träumen wagen. (Siehe Anhang, *Wie wollen Sie vorgehen? 7*).

KAPITEL 8

Die hohen Kosten der Angst – und wie man sie vermeidet

Angst und Sorge verursachen oft Störungen des Ehelebens. Wenn beide Ehepartner ganz in Furcht und Besorgnis gefangen sind, kann von Glück keine Rede mehr sein. Diese Stunden summieren sich mit der Zeit für Mann und Frau zu vertanen Tagen, selbst wenn nur einer von beiden sich ständig mit Sorgen herumplagt.

Haben Sie jemals darüber nachgedacht, daß Sorgen nur wenig mit der Gegenwart zu tun haben, außer daß sie sie erbärmlicher machen?

Bei der Sorge geht es fast immer um Dinge, die die Vergangenheit bzw. die Zukunft betreffen. Man denkt über vergangene Fehler oder über Dinge nach, die ein anderer Mensch einem gestern angetan hat – oder über das, was dieser Mensch *eben nicht* getan oder gesagt hat. Und ehe man sich versieht, verlebt man einen schrecklichen Tag, nur weil man im Geiste bei der Vergangenheit verweilt. Natürlich besteht die Notwendigkeit, die Geschehnisse zu bewerten, und aus vergangenen Erfahrungen läßt sich so manche Lehre ziehen. Aber sind Sie überhaupt in der Lage, einen klaren Gedanken zu fassen, wenn Sie sich Sorgen machen? Und, was bedeutend schwerer wiegt: Konnten Ihre Sorgen jemals das Gestern verändern?

Vielleicht ist es aber auch nicht die Vergangenheit,

die Ihnen zusetzt, sondern die Zukunft, die Ihnen über den Kopf wächst. Sie schauen sich Ihre Rechnungen und Zahlungsverpflichtungen an, denen Sie innerhalb des nächsten halben Jahres nachkommen müssen, und wissen einfach nicht, woher Sie das Geld nehmen sollen. Möglicherweise reibt die Sorge um Ihre Gesundheit oder in der Zukunft liegende Probleme mit Ihrem Arbeitgeber Sie allmählich auf. Was es auch sein mag, wenn die Sorge Ihr Denken bestimmt, haben Sie kaum Zeit, sich mit dem Heute zu beschäftigen.

Kein Wunder, daß Ehen mit Schwierigkeiten zu kämpfen haben, wenn durch die Sorge gewaltige Energien des betreffenden Ehepartners verbraucht werden. Eine gesunde, erfolgreiche Ehe braucht Menschen, die sich auf die Freuden und Fragen des *Hier und Jetzt* festgelegt haben. Wie viele Sorgen machen Sie sich in Ihrer Ehe? Im eigenen Leben?

Haben Sie jemals genauer untersucht, worüber Ihr Ehepartner und Sie sich die meisten Sorgen machen? Über die Vergangenheit? Über Dinge, die Sie hätten sagen oder tun können? Oder vielleicht über die Zukunft? Graut Ihnen vor dem, was mit Ihren Kindern geschehen könnte, wenn sie selbständig werden? Sorgen Sie sich wegen der Bezahlung offener Rechnungen? (Siehe Anhang, *Ihre Meinung ist gefragt 21*).

Furcht, Angst, Sorge (Definitionen)

Gott erschuf den Menschen als denkendes, fühlendes Wesen. Eben weil wir Menschen sind, sind wir mit der Fähigkeit ausgestattet, über Dinge nachzudenken, eine Situation so oder so in uns aufzunehmen. Furcht gehört zu den Gefühlen, die alle Menschen von Zeit zu Zeit erleben. Bei der Furcht zum Beispiel, die von äußeren, wirklichen, physischen Gefahren ausgelöst wird, handelt es sich um gesunde Furcht. Sie lehrt uns, uns vor verkehrsreichen Straßen, Gewehren, heißen Herdplatten usw. in acht zu nehmen.

Worin besteht nun der Unterschied zwischen Furcht und Angst? Bei Angst handelt es sich um ein Gefühl der Wahrnehmung, Angespanntheit oder Unbehaglichkeit, das vom Herannahen einer unbestimmten Gefahr hervorgerufen wird und das weder logische noch vernunftmäßige Ursachen hat. Bei Furcht dagegen handelt es sich um eine bewußte, gefühlsmäßige Reaktion auf eine konkrete Bedrohung (zumindest erscheint sie dem Menschen, der sich fürchtet, als eine solche).

Man kann Furcht als *externes,* Angst als *internes* Phänomen betrachten. Angst läßt sich definieren als „Furcht ohne entsprechende Ursache“ und entsteht als Reaktion auf Gefahr oder Bedrohung; doch oft ist der Ursprung des drohenden Verhängnisses nicht erkennbar. Hierzu paßt die Umschreibung der Angst, wie die Griechen sie vornahmen: „Gegeneinander gerichtete Kräfte, die dabei sind, einen Menschen zu zerreißen.“

Oft gebrauchen wir das Wort „Sorge“ gleichbedeutend mit „Angst“, was jedoch nicht richtig ist. „Sorge“ bedeutet soviel wie „Bedrücktsein, Bangigkeit, Befürchtung, Kummer um etwas oder jemanden“. Jemand, der sich Sorgen macht, verbringt unendlich viel Zeit damit, über tatsächliche oder eingebildete Probleme nachzudenken. Immer wieder geht ein solcher Mensch das Problem durch. Im allgemeinen malt er sich zuerst die schlimmsten Möglichkeiten einer Situation aus, anstatt die Dinge einfach auf sich zukommen zu lassen. Jemand, der sich sorgt, ist geteilten Sinnes, weil die Gegenwart ihn mit ihren Problemen in Anspruch nimmt, er sich aber gleichzeitig über die Zukunft und die Vergangenheit den Kopf zerbricht.

Der Prophet Habakuk entwirft ein anschauliches Bild von einem Menschen, der sich Sorgen macht: „Ich vernahm es, da erbebte mein Leib, bei dem Schall erzitterten meine Lippen, Fäulnis drang in meine Knochen, und unter mir bebte mein Schritt. Jetzt will ich auf den Tag der Bedrängnis warten ..." (Habakuk 3,16).

Ein Autor, der sich intensiv mit dem Problem des Sich-Sorgens auseinandergesetzt hat, meint:

„Weil Sorge eine Spaltung der Gefühle verursacht, verliert das Gefühlsleben seine Stabilität. Weil Sorge das Verständnis beeinträchtigt, verlieren die inneren Überzeugungen an Tiefe und werden unbeständig. Weil Sorge das Wahrnehmungsvermögen beeinträchtigt, werden die Beobachtungen ungenau oder gar falsch. Weil Sorge das Urteilsvermögen beeinträchtigt, sind Meinungen und Entscheidungen oft ungerecht und führen in Kummer und Leid. Weil Sorge das Entscheidungsvermögen beeinträchtigt, verfolgt man Pläne und Ziele, sofern sie nicht gänzlich über Bord geworfen werden, nicht mit der erforderlichen Ausdauer."[1]

Sorgen und Angst schwächen und zerstören einen Menschen. Im Gegensatz dazu heißt es: „Ein gelassenes Herz ist des Leibes Leben ..." (Sprüche 14,30).

Haben Sie Ihre Lebenssorgen bewußt in der Hand? Suchen Sie nach Wegen, Ihrer Zukunft mit einem „gelassenen Herzen" entgegenzublicken? (Siehe Anhang, *Ihre Meinung ist gefragt 22*).

Vom Sorgen frei werden

So gut wie jeder stimmt zu, daß Angst und Sorge zerstörerische Gefühle sind. Wie aber kann man sie unter

Kontrolle bekommen? In der Bibel findet der Christ praktische Hinweise darauf, wie man mit dem Sorgen umgeht.

Paulus zum Beispiel erinnert uns daran, daß wir Kinder Gottes sind, die von ihrem himmlischen Vater Hilfe erwarten können:

„Wie ihr nun den Christus Jesus, den Herrn, empfangen habt, so wandelt in ihm, gewurzelt und auferbaut in ihm und befestigt im Glauben, wie ihr gelehrt worden seid, darin überströmend mit Danksagung" (Kolosser 2,6.7).
„Seid um nichts besorgt, sondern laßt in allem durch Gebet und Flehen mit Danksagung eure Anliegen vor Gott kundwerden; und der Friede Gottes ... wird eure Herzen und eure Gedanken bewahren in Christus Jesus" (Philipper 4,6.7).

Diese Ratschläge klingen beim Lesen so ermutigend, so aufbauend. Wie aber setzt man sie in die Tat um, damit das Sorgen wirklich ein Ende hat? Im wesentlichen sagt Paulus:

Versucht nicht, allein mit Euren Sorgen fertigzuwerden. Wenn Sie sich eine ausweglose Situation vor Augen führen, tritt die Sorge in den Vordergrund, und Sie jammern: „Entsetzlich! Es gibt keinen Ausweg. Ich bin erledigt." Soweit es Sie persönlich betrifft, mag das stimmen (oder auch nicht), doch auf jeden Fall sind Sie nicht allein. Sie können sich an Gott wenden, ihm sagen, wie unlösbar alles ist, und dürfen Hilfe von ihm erwarten. Verlassen Sie sich auf seine Kraft und Stärke, Sie durchzubringen.

Denkt daran, Ihr könnt entscheiden, wer „das Ruder in der Hand hat". Haben Ihre Gedanken Sie, oder haben Sie Ihre Gedanken unter Kontrolle? Setzen sich morgens, wenn Sie aufwachen, Ihre Sorgen durch und drücken Ihnen schlechte Stimmung auf? Oder sagen Sie: „Langsam! Mit Sorgen komme ich auch nicht weiter." Befassen Sie sich mit anderen Gedanken, tun Sie etwas, das Ihre ungeteilte Aufmerksamkeit erfordert. Entscheiden Sie sich mit Gottes Hilfe dafür, sich *keine* Sorgen zu machen.

Richtet Eure Gedanken auf die Wirklichkeit. Wenn man sich ausmalt, was geschehen könnte, oder Tagträume über mögliche Folgen hat, steigert man sich vielleicht in einen schlimmen Sorgen- und Angstzustand hinein. Stellen Sie sich den Tatsachen, und sagen Sie Gott, was Sie brauchen. Denn Paulus schreibt: „Und der Friede Gottes ... wird eure Herzen und eure Gedanken bewahren in Christus Jesus."

Seid Euch selbst gegenüber ehrlich, und nehmt Eure Probleme an. Fürchten Sie nicht, „ungeistlich" oder „abtrünnig" zu sein, weil Sie entmutigt sind und sich sorgen. Machen Sie sich keine Sorgen über Ihre Sorgen; das macht die Sache nur noch schlimmer. Schätzen Sie statt dessen Ihre Gefühle ab, kreisen Sie das Problem ein, und befolgen Sie dann den Rat des Paulus: „Wie ihr nun den Christus Jesus, den Herrn, empfangen habt, so wandelt in ihm." Es ist auch hilfreich, wenn Sie Gott für das Problem und für seine Antwort darauf danken, selbst wenn Sie im Augenblick keinen Ausweg sehen. Denken Sie an die Worte des Jakobus: „Achtet es für lauter Freude, meine Brüder, wenn ihr in mancherlei Versuchungen geratet, indem ihr erkennt, daß die Bewährung eures Glaubens Ausharren bewirkt" (Jakobus 1,2.3).

Jesus schärfte seinen Jüngern einen vernünftigen Grundsatz für den Umgang mit Angst und Furcht ein: Denkt an die Lösung, nicht an das Problem.

In dem Bericht über das Wandeln des Petrus auf dem

Wasser schildert der Evangelist Matthäus diesen Grundsatz anschaulich:

„Und als die Jünger ihn auf dem See einhergehen sahen, wurden Sie bestürzt und sprachen: Es ist ein Gespenst! Und sie schrien vor Furcht. Sogleich aber redete Jesus zu ihnen und sprach: Seid guten Mutes! Ich bin's. Fürchtet euch nicht! Petrus aber antwortete ihm und sprach: Herr, wenn du es bist, so befiehl mir, auf dem Wasser zu dir zu kommen. Er aber sprach: Komm! Und Petrus stieg aus dem Schiff und ging auf dem Wasser, um zu Jesus zu kommen. Als er aber den starken Wind sah, fürchtete er sich; und als er anfing zu sinken, schrie er und sprach: Herr, rette mich! Sogleich aber streckte Jesus die Hand aus, ergriff ihn und spricht zu ihm: Kleingläubiger, warum zweifeltest du? Und als sie in das Schiff gestiegen waren, legte sich der Wind. Die aber in dem Schiff waren, kamen und warfen sich vor ihm nieder und sprachen: Wahrhaftig, du bist Gottes Sohn!" (Matthäus 14,26-33).

Solange Petrus im Glauben vorwärtsschritt und sein Herz und seine Augen auf Christus richtete, ging es großartig mit ihm. Als seine Aufmerksamkeit jedoch vom Wind und von den Wellen (seinen Problemen) gefesselt wurde, überwältigten sie ihn. Jesus möchte, daß wir uns im Glauben nach ihm ausstrecken und uns – indem wir uns auf seine Hilfe und Führung verlassen – der verfügbaren Hilfsmittel bedienen, um unseren Schwierigkeiten mit möglichen Lösungen zu begegnen. Versuchen Sie es doch einmal mit folgenden „lösungsorientierten" Vorschlägen:

Denken Sie in der Form möglicher Lösungen. Schreiben Sie Ihre Sorgen und Ängste in aller Ausführlichkeit auf. Wenn Ihnen die Abzahlung Ihres Hauses in diesem

Monat tatsächlich Sorgen bereitet, schreiben Sie nicht lediglich „Finanzen“ hin, sondern geben Sie neben weiteren drückenden Geldsorgen auch „Geld für Hausabzahlung“ an. Legen Sie danach eine Liste mit möglichen Lösungsstrategien an. Darauf stehen vielleicht Dinge wie „Kreditaufnahme“, „zusätzliche Arbeit“, „Verkauf der antiken Uhr“ oder sogar „privater Flohmarkt“. Führen Sie jede denkbare Möglichkeit auf, und bitten Sie Gott um Hilfe, Ihnen bei der Wahl der richtigen Lösung beizustehen.

Arbeiten Sie aktiv an der Lösung. Es reicht beileibe nicht aus, über Lösungsmöglichkeiten nachzudenken – handeln Sie! Wenn Sie zum Beispiel meinen, sich weitaus mehr Sorgen zu machen als der Durchschnittsbürger, und etwas daran nicht zu stimmen scheint, holen Sie sich einen Termin bei Ihrem Hausarzt. Bisweilen können sich hinter Sorgen und Ängsten Dinge wie Funktionsstörungen der Drüsen, Vitaminmangel, Allergien, fehlende sportliche Betätigung und geistige und körperliche Erschöpfung verbergen. Schließen Sie bei der Suche nach den Gründen für Ihre Sorgen zunächst alle möglichen gesundheitlichen Ursachen aus.

Konzentrieren Sie sich nicht auf die Dinge, die Sie belasten. Als Petrus den Wind und die Wellen sah, begann er zu sinken. Finden Sie heraus, was Ihre Angst oder Ihre Sorgen vermehrt, und halten Sie sich von diesen Bereichen fern.

Nehmen wir einmal an, Sie und Ihr Ehepartner sind nicht in der Lage, sich über Politik zu unterhalten, ohne daß sich dabei Spannungen aufbauen. Oder Ihr Partner verfolgt interessiert die Nachrichten im Fernsehen, und Sie werden krank vor Sorge über die schwierige Weltlage. Seien Sie sich dieser Tatsache bewußt, und arbeiten Sie an einer Lösung. Vielleicht sollten Sie sich zur Zeit der Nachrichtensendung in einem anderen

Raum mit einer Hausarbeit beschäftigen, die Ihnen wirklich Freude bereitet, oder Sie gehen einem Familienmitglied zur Hand.

Eine Frau, die sich früher ständig Sorgen machte, beschreibt ihr Verhalten folgendermaßen: „Wenn ich merke, daß ich ängstlich werde und beginne, mir über die Meinungsverschiedenheiten zwischen meinem Mann und mir Sorgen zu machen, stürze ich mich in Arbeit und danke Gott für all die Wohltaten, die er uns erwiesen hat. Manchmal schreibe ich mir diese Dinge sogar auf. Wenn ich sie so nacheinander beim Namen nenne, scheinen die Sorgen an Bedeutung zu verlieren."

Ferner ist hilfreich, wenn man im Sinn behält, daß Jesus seine Jünger lehrte, sich in das Unvermeidliche zu fügen, an den Werten festzuhalten, die wirklich zählen, und immer nur einen Tag zu leben. Versuchen Sie, diese Grundsätze in der folgenden Rede Christi über die Sorge wiederzufinden:

„Deshalb sage ich euch: Seid nicht besorgt für euer Leben, was ihr essen und was ihr trinken sollt, noch für euren Leib, was ihr anziehen sollt. Ist nicht das Leben mehr als die Speise und der Leib mehr als die Kleidung? Seht hin auf die Vögel des Himmels, daß sie nicht säen noch ernten, noch in Scheunen sammeln, und euer himmlischer Vater ernährt sie doch. Seid ihr nicht viel vorzüglicher als sie? Wer aber unter euch kann mit Sorgen seiner Lebenslänge eine Elle zusetzen? Und warum seid ihr um Kleidung besorgt? Betrachtet die Lilien des Feldes, wie sie wachsen: sie mühen sich nicht, auch spinnen sie nicht. Ich sage euch aber, daß selbst nicht Salomo in all seiner Herrlichkeit bekleidet war wie eine von diesen. Wenn aber Gott das Gras des Feldes, das heute steht und morgen in den Ofen geworfen wird, so kleidet, wird er das nicht vielmehr euch tun, ihr Kleingläubigen? So seid nun nicht besorgt, indem ihr sagt: Was sollen wir essen? Oder: Was sollen wir trinken? Oder: Was sollen wir anziehen? Denn nach diesem allen trachten die Nationen; denn euer himmlischer Vater weiß, daß ihr dies alles benötigt. Trachtet aber zuerst nach dem Reich Gottes und nach seiner Gerechtigkeit, und dies alles wird euch hinzugefügt werden. So seid nun nicht besorgt um den morgigen Tag, denn der morgige Tag wird für sich selbst sorgen. Jeder Tag hat an seinem Übel genug" (Matthäus 6,25-34).

Sich ins Unvermeidliche fügen, an den Werten festhalten, die wirklich zählen, und immer nur einen Tag leben – das kann einen Großteil der Ängste und Sorgen einer Ehebeziehung ausräumen. Denken Sie einmal darüber nach, was mit den Unruheherden Ihrer Ehe geschieht, wenn Sie ...

... sich ins Unvermeidliche fügen. Wahrscheinlich kennen Sie das Gebet: „O Gott, schenk' uns die Gelassenheit, uns ins Unvermeidliche zu fügen, den Mut, das zu verändern, was verändert werden sollte, und die Weisheit, diese beiden Dinge auseinanderzuhalten." Es wäre vielleicht keine schlechte Idee, dieses Anliegen zu einem persönlichen Gebet zu machen.

Finden Sie sich damit ab, daß Sie Ihren Ehepartner nicht dauerhaft verändern können, ganz gleich, wie große Sorgen Sie sich machen und was Sie auch sagen. Andererseits können die gegenseitige Annahme des Partners und die bedingungslose Liebe zueinander Sie beide von Sorge befreien. Die Veränderungen in Ihnen beiden kann Gott sehr wohl dazu benutzen, Ihre Ehe zu festigen und befriedigender zu gestalten.

In einem Buch über das eheliche Zusammenleben ist von einem Mann namens Peter die Rede, der jahrelang versuchte, seine Frau so zu verändern, wie er es für richtig hielt. Doch stets löste er damit nur Streit aus oder bekam eine Abfuhr für seinen Versuch.

Der Autor fährt fort: „Doch vor kurzem gewann Peter eine Einsicht, die der Sache ein völlig anderes Gesicht gab ... Es bereitet ihm nun größere Freude, seine Frau für das zu lieben, was sie ist, und nicht mehr für das, was sie sein könnte.

Noch immer sehnt Peter den Zeitpunkt herbei, an dem seine Frau den christlichen Glauben annimmt, und fragt sich oft: ‚Wann wird meine Frau sich ändern und wirklich mein Partner werden?' Die Antwort, die er sich selbst darauf gibt, lautet: ‚Ich weiß es nicht, und irgendwie geht es mich auch nichts an. Meine Aufgabe besteht darin, sie zu lieben, mich an ihr zu freuen und der beste Ehemann und Vater zu sein, den man sich vorstellen kann. Wenn Gott Marlene verändern will, wird er das auch tun. Ich bin nur froh, daß ich sie geheiratet habe."[2]

... an den Werten festhalten, die wirklich zählen. Was ist es wert, daß man sich darüber Sorgen macht? Sind Sie um die wirklichen Kernfragen besorgt? Erinnern wir uns an Matthäus 6,25, wo es heißt: „Deshalb sage ich euch: Seid nicht besorgt für euer Leben, was ihr essen und was ihr trinken sollt, noch für euren Leib, was ihr anziehen sollt. Ist nicht das Leben mehr als die Speise und der Leib mehr als die Kleidung?"

Als Christ freut man sich über die Vergebung Gottes. In der Familie Gottes führt man ein Leben in Fülle. Kann diese Tatsache Ihnen dabei helfen, Ihre Werte genau in Augenschein zu nehmen?

Vielleicht sind Sie knapp bei Kasse; vielleicht sehen Ihre Kleider ein wenig abgetragen aus; vielleicht verbuchen Sie mehr Niederlagen als Erfolge. Halten Sie bei dem Versuch, Ihre Probleme zu bewältigen, an den

Werten fest, die wirklich zählen, und denken Sie daran: „Christliche Sicherheit hat wenig zu tun mit Erfolg oder Mißerfolg. Als Christen glauben wir, daß Christus uns bedingungslos liebt, ob wir nun erfolgreich sind oder versagen.“[3] Christus steht uns bei, wenn wir uns darauf verlassen, daß er uns durch sein Wort für jeden Lebensbereich die Werte vermittelt, die wirklich zählen.

... immer nur einen Tag leben. Bereitet Ihre Ehe Ihnen Sorgen oder Freude? Haben Sie sich heute über Ihren Ehepartner gefreut? Oder machen Sie sich so viele Sorgen über das, was morgen geschehen könnte, daß Sie das *Jetzt* aus den Augen verlieren?

Natürlich muß das Dach neu gedeckt werden, und der kleine Michael benötigt dringend eine Zahnspange, und Sie müssen unbedingt die Bremsen Ihres Wagens erneuern lassen. Aber trotzdem sagt Jesus: „Mach' dir keine Sorgen über den morgigen Tag; Gott nimmt sich deiner auch morgen an. Lebe immer nur einen Tag.“ Glauben Sie das? Sie täten gut daran, denn Sie haben nur den heutigen Tag. (Siehe Anhang, *Ihre Meinung ist gefragt 23*).

Streß kann sich positiv auf Ihre Ehe auswirken

Ein letztes Wort noch zu Problemen und Streß – den Dingen, über die Sie sich Sorgen machen.

Streßsituationen können sich, was Ihre Ehe anbelangt, als durchaus nützlich erweisen. Dwight Small schreibt dazu:

„Die schwierigsten Augenblicke des Lebens bewirken oft eine neue, tiefgehende Kommunikation in bezug auf das gegenseitige Einvernehmen. Ehepaare, die bereits viele Jahre verheiratet sind, erleben, daß ihre besten Gespräche bei Rückschlägen stattfinden. Der Verlust des Arbeitsplatzes, die Erkrankung eines Kindes oder der Tod eines Elternteils sind Erfahrungen, die notwendigerweise ein gemeinsames, entschlossenes Vorgehen erfordern. Hierbei spüren zwei Menschen, daß sie sich gegenseitig in ganz besonderer Weise nötig haben."[4]

Lassen Sie sich von Sorgen und tatsächlichen Problemen nicht kleinkriegen, sondern strecken Sie sich nach Gott aus, und wenden Sie sich an Ihren Ehepartner. Vertrauen Sie darauf, daß Sie gemeinsam jeden Tag durchstehen können. (Siehe Anhang, *Wie wollen Sie vorgehen? 8*).

KAPITEL 9

Streit – und wie man damit umgeht

Es gibt zuckersüße Märchen, in denen die Ehe als eine Zeit dargestellt wird, in der man „glücklich und zufrieden bis an sein seliges Ende" lebt (besonders dann, wenn man Christ ist). Streit und Meinungsverschiedenheiten, so die Märchen, kommen in einer gesunden Ehe auf „geistlicher" Basis einfach nicht vor.

Doch in der Lebendigkeit der ehelichen Realität schmilzt der Zuckerguß schnell dahin. Zu einer Ehe gehören naturgemäß auch Reibereien, weil sie die Gemeinschaft von zwei Einzelpersonen ist, die eigene Standpunkte vertreten und ein eigenes Wertsystem haben. Niemals können zwei Menschen über einen langen Zeitraum in jeder Hinsicht die gleiche Meinung haben, daher kommt es in jeder Ehe von Zeit zu Zeit zu Auseinandersetzungen

Was eigentlich sind Auseinandersetzungen? Gewöhnlich denkt man bei dem Wort an Schlachtfelder und Kriege. In diesem Kapitel jedoch gehen wir von einer anderen Bedeutung des Wortes aus, nämlich „Unstimmigkeiten, gefühlsmäßige Spannungen, die von unvereinbaren inneren Bedürfnissen und Neigungen herrühren".

Diese Definition stellt für jedes Ehepaar eine Herausforderung dar. Wie sollen Sie mit Ihren Unstimmigkeiten umgehen – den Spannungen, die sich ergeben, wenn Ihre Bedürfnisse und Neigungen denen des anderen entgegenstehen? Wie sollen Sie sich verhalten, ohne daß gleich ein Streit ausbricht? Jedes Ehepaar sollte wissen, wie man mit Auseinandersetzungen schöpferisch-konstruktiv fertigwerden kann.

Objektivität, Anpassungsfähigkeit, Kompromißbereitschaft (gehört es *wirklich* zu den entscheidenden Dingen, ob man die Zahnpastatube in der Mitte oder am Ende zusammendrückt?) und die Bereitschaft, dem anderen sein Selbst zu lassen, all das gilt es zu entwickeln, will man in eine zufriedenstellende Ehebeziehung hineinwachsen.

Wenn Auseinandersetzungen kommen, sollte man ihnen mit dem Wissen begegnen, daß das nicht heißt, die ganze Beziehung sei zum Scheitern verurteilt. Auch sollte eine Unstimmigkeit nicht als Auslöser für handgreifliche, schier endlose Streitereien (verbal und physisch) dienen. Männer und Frauen müssen lernen, einander „liebenswürdig zu widersprechen", oder, um es etwas deutlicher zu sagen, sich „fair zu streiten". Doch unglücklicherweise haben die wenigsten Paare vor der Ehe die Gelegenheit, sich „liebenswürdig zu widersprechen" bzw. „fair zu streiten". So münden ihre Unstimmigkeiten oft in unnötige Kabbeleien, hitzige Wortwechsel und handfeste Streitereien. Die folgenden zehn Grundsätze sollen Ehepaaren dabei helfen, besser mit Auseinandersetzungen fertigzuwerden.

Gehen Sie einer Auseinandersetzung nicht durch Schweigen aus dem Weg

Es gibt Menschen, die ihr Schweigen benutzen, um einer Kontroverse auszuweichen. Sie setzen das Schweigen dabei als Waffe ein, um ihren Ehepartner zu beherrschen, mit Minderwertigkeitsgefühlen zu erfüllen oder ihn zu manipulieren. Bisweilen entscheiden Mann oder Frau sich auch fürs Schweigen, weil es weniger Schmerzen verursacht, nichts zu sagen. Vielleicht schweigt der eine Ehegatte sich jetzt aus, weil der andere in der Vergangenheit niemals bereitwillig zugehört hat. Und außerdem besteht die Möglichkeit, daß ein Ehepartner so tief verletzt ist, daß er einfach nichts sagt.

Auf Dauer zahlt sich Schweigen aber nicht aus. „Schweigen ist Gold" heißt es im Sprichwort, aber es kann leicht auch ein Ausdruck von Feigheit sein. Verstecken Sie sich nicht hinter einer Mauer des Schweigens, nur weil Sie sich davor fürchten, eine Streitfrage anzupacken!

Nach Schätzungen von Eheberatern kommt wenigstens die Hälfte ihrer Klienten zu ihnen, weil der Ehemann nichts sagt. Männer neigen dazu, Auseinandersetzungen im Gespräch aus dem Weg zu gehen. Ironischerweise handelt es sich oft bei den Dingen, denen sie ausweichen, gerade um die Bereiche, in denen dringend Veränderungen erforderlich sind.

Sehen wir uns ein typisches Verhaltensmuster an, das im Schweigen endet. Wenn Eheleute nicht miteinander kommunizieren, weil einer von beiden schweigsam ist, sind beide enttäuscht, was das Problem des Schweigens nur noch verschlimmert. Je mehr der mitteilsame Partner zu reden versucht, desto tiefer zieht der stumme Partner sich in sein Schneckenhaus zurück. Der Partner, der reden will, fühlt sich mehr und mehr nutzlos, unzulänglich und verletzt. Um sein schweigsames Gegenüber aus der Reserve zu locken, versucht er es vielleicht mit Schreien oder sogar Gewalt, doch erreichen kann er damit nichts, weil es den stummen

Ehepartner nur noch weiter in das Schweigen treibt. Wenn man einen schweigsamen Menschen fragt: „Warum sprichst du nicht mit mir?" oder „Bitte sag' doch was – warum können wir nicht miteinander reden?", verstärkt sich das Schweigen dieses Menschen im allgemeinen nur noch![1]

Wie soll man also einen schweigsamen Menschen zum Reden bringen? Zunächst muß der stille Partner die Möglichkeit haben, den Zeitpunkt, an dem er reden will, frei zu wählen. Wenn er dann spricht, müssen Sie ihm unbedingt klarmachen, daß Sie bereitwillig zuhören wollen, ohne das Gesagte zu bewerten, daß Sie Empfindungen und Enttäuschungen bereitwillig mittragen wollen. Sie müssen Ihrem schweigsamen Partner verdeutlichen, daß Sie ihm wirklich zuhören und sich für ihn interessieren. In einer annehmlichen, entspannten Atmosphäre wird Ihr Ehepartner wahrscheinlich mit dem Reden beginnen, und Sie können in den Kommunikationsprozeß eintreten bzw. ihn neu in Gang setzen. (Siehe Anhang, *Ihre Meinung ist gefragt 24*).

Sammeln Sie Gefühle nicht wie Rabattmarken

Achten Sie stets darauf, daß sich bei Ihnen selbst keine feindseligen Gefühle anstauen. Sehr leicht könnte sich zum Beispiel bei einem Mann oder einer Frau Feindseligkeit entwickeln, wenn er oder sie an einen Partner gerät, der sich mit Schweigen wehrt (siehe oben). Die schlechteste Methode jedoch, mit Ärger- und Frustrationsgefühlen umzugehen, besteht darin, diese in Abrede zu stellen und zu unterdrücken. Gefühle müssen geäußert werden und dürfen sich nicht im Innern aufstauen.

Einige Menschen gehen jedoch mit ihren Empfindungen um wie mit Rabattmarken. Jede noch so kleine Verärgerung wird wie eine Marke gesammelt. Auf diese Weise bringen sie viele Marken zusammen, bis schließlich etwas geschieht, das das Faß zum Überlaufen bringt. Sie verlieren die Beherrschung und machen all ihren angestauten Verärgerungen und Enttäuschungen auf einmal in der Hoffnung Luft, etwas als Ausgleich für ihre Mühe und Plage zu erhalten. Sie lösen sozusagen ihr „Rabattmarkenbuch" ein und sagen sich dann: „Nun, jetzt geht es mir wenigstens besser."

Sind Sie jemand, der Gefühle wie Rabattmarken sammelt? Wenn Sie fürchten, zu dieser Gruppe von Menschen zu gehören, ist es jetzt an der Zeit, etwas dagegen zu unternehmen, denn es ist besser, seinen Gefühlen freien Lauf zu lassen, wenn sie *hochkommen*. Gott hat uns alle als tief empfindende Wesen erschaffen, darum müssen wir unsere Gefühle ausdrücken. Und, wie bereits erwähnt, sollte und kann dieses Ausdrücken auf heilsame Weise vor sich gehen.

Viele der Streitereien, Kabbeleien und Konflikte zwischen Ehepartnern arten in sadistische, das Gefühl verkrüppelnde Sitzungen aus. Wie gehen *Sie* mit Ihren Unstimmigkeiten um?

Die entscheidende Frage ist, wie Sie mit Ihrem Zorn umgehen – jenen starken, oft leidenschaftlichen Gefühlen des Mißfallens, die in Ihnen aufsteigen. Was stellt der Zorn mit Ihnen an? (Vielleicht beschäftigen Sie sich an dieser Stelle noch einmal mit den Kapiteln 6 und 7.)

Nehmen wir einmal an, Ihr Ehepartner verhält sich Ihnen gegenüber ablehnend bzw. wird richtig wütend auf Sie. In einer derartigen Situation sollten Sie sich fragen:

- ▷ Verletzt oder berührt mich dieses Verhalten tatsächlich?
- ▷ Kann Gegenzorn, so gerechtfertigt und vernünftig er sein mag, hier wirklich etwas ausrichten?
- ▷ Besteht die beste aller möglichen Reaktionen darin, ebenfalls zornig zu werden?
- ▷ Was werde ich durch meinen Zorn erreichen?

Wie reagieren Sie auf einen zornigen Menschen? Wie gehen Sie auf ihn ein? Was immer Sie tun, niemals sollten Sie sagen: „Werde jetzt bloß nicht wütend", denn dieser Satz bewirkt im allgemeinen genau das Gegenteil! Statt dessen versuchen Sie es einmal im ruhigen Ton mit folgenden Worten: „Es tut mir leid, daß dich etwas wütend macht. Wenn ich die Ursache bin, möchte ich mich dafür entschuldigen. Wie kann ich dir helfen?" Dieser Vorschlag wirkt nahezu überall – zu Hause, bei der Arbeit usw. Seltsamerweise hört er sich irgendwie vertraut an, „wie etwas aus der Bibel". Wir finden eine entsprechende Aussage bei Salomo, der vielleicht aufgrund seiner eigenen Eheerfahrungen schrieb: „eine sanfte Antwort wendet Grimm ab ..." (Sprüche 15,1). (Siehe Anhang, *Ihre Meinung ist gefragt 25*).

Geben Sie der Lösung Ihrer Unstimmigkeit nach Möglichkeit einen passenden Rahmen

Wenn Sie vor der Diskussion über ein wichtiges Thema stehen, richten Sie es so ein, daß Zeit und Ort günstig gewählt sind. Treffen Sie Vorkehrungen gegen Unterbrechungen, indem Sie eventuell den Telefonhörer abnehmen und nicht zur Tür gehen, wenn es klingelt. Bitten Sie Ihre Kinder, falls Sie welche haben, Sie eine

Zeitlang in Ruhe zu lassen. Sollten die Kinder Sie dennoch stören, so sagen Sie Ihnen, Sie hätten momentan etwas Wichtiges zu besprechen und würden sich nach dem Gespräch um sie kümmern.

Normalerweise gelingt es Eltern nicht, Unstimmigkeiten und Streit vor ihren Kindern zu verbergen. Lassen Sie sie ruhig wissen, daß Sie manchmal unterschiedlicher Meinung sind und daß zwischen allen Familienangehörigen sich von Zeit zu Zeit Unstimmigkeiten entwickeln können. Aus der Beobachtung der Eltern übernehmen die Kinder ihr Verhalten für spätere Streitsituationen. Wenn Sie also im Falle einer Unstimmigkeit mit Ihrem Ehepartner ein gesundes Verhalten an den Tag legen, lernen Ihre Kinder dadurch den vernünftigen Umgang mit Ärger und Streit.

Greifen Sie das Problem an, nicht einander

Unternehmen Sie Ihr möglichstes, das Gespräch nicht persönlich werden zu lassen. Anstatt das Problem in Angriff zu nehmen, richten zu viele Ehepaare Angriffe mit Anzüglichkeiten, Vorwürfen und anderen „gescheiten" Kommentaren gegeneinander.

In den Vereinigten Staaten erzählt man sich die alte Geschichte von einem Schäfer in den Rocky Mountains, der im Winter das Verhalten von Tieren in freier Wildbahn beobachtete: Wolfsrudel durchstreiften die Täler und griffen eine Herde Wildpferde an, doch die Pferde bildeten einen Kreis, wobei ihre Köpfe nach innen gerichtet waren, und schlugen mit ihren Hufen nach den Wölfen aus. Auf diese Weise konnten sie sie vertreiben. Eine Wildeselherde jedoch kam nicht ungeschoren davon. Beim Angriff der Wölfe bildeten sie ebenfalls einen Kreis, doch waren ihre Köpfe nach außen gerichtet. Als die Esel anfingen, mit den Hufen auszuschlagen, trafen sie dabei nur einer den anderen.

Als Mensch kann man wählen, ob man so schlau wie ein Wildpferd oder so dumm wie ein Wildesel sein möchte, ob man das Problem in Angriff nehmen oder einander Tritte geben will. Die folgenden fünf Ratschläge sollen Ihnen helfen, Probleme zu bewältigen und mit Meinungsverschiedenheiten umzugehen, ohne den Ehepartner zu treffen:

- Belegen Sie alle Ihre Vorwürfe und Behauptungen mit Tatsachen.
- Bleiben Sie bei der Gegenwart. Es ist nicht zulässig, sich über Dinge zu beklagen, die länger als ein halbes Jahr zurückliegen. Sagen Sie nicht: „Ich erinnere mich daran, daß ..." Über dem Schreibtisch eines Geschäftsmannes hängt ein Schild, auf dem steht: „Erinnere dich daran zu vergessen." Dieses Schild sollte jedes Ehepaar als Motto über seine Ehe stellen. Der Apostel Paulus schrieb: „... eines aber tue ich: Ich vergesse, was dahinten, strecke mich aber aus nach dem, was vorn ist ..." (Philipper 3,13).
- Spielen Sie nicht auf Verwandte an, zum Beispiel auf Schwiegereltern.
- Spielen Sie nicht auf das Erscheinungsbild Ihres Partners an, das heißt, unterlassen Sie spitze Bemerkungen, die sich auf Übergewicht, fettige Haare, schlampige Kleidung usw. beziehen.
- Und bitte keine dramatischen Verstiegenheiten. Steigern Sie sich nicht in Gefühle hinein, und brechen Sie nicht in Tränen aus. Tränen – Drohungen übrigens auch – werden oft dazu mißbraucht, den anderen zu beeinflussen. Es gibt sogar Eheleute, die mit Selbstmord drohen, um ihre Ziele durchzusetzen. Doch gewöhnlich ist keine dieser Methoden sonder-

lich hilfreich. Noch gibt es keinen Oscar für schauspielerische Glanzleistungen, wenn Ehepaare daran arbeiten, ihrer Unstimmigkeiten Herr zu werden. (Siehe Anhang, *Ihre Meinung ist gefragt 26*).

„Bombardieren" Sie Ihren Ehepartner nicht mit Ihren Empfindungen

Es ist wichtig, daß Sie Ihren Ehepartner ruhig über Ihre Gefühle unterrichten und sie ihm nicht wie Felsbrocken oder Speere entgegenschleudern. Dr. Howard Clinebell meint dazu:

„Es kommt zwischen Mann und Frau zu einer fruchtbaren Kommunikation, wenn beide sich die Fähigkeit aneignen, die Dinge *geradeheraus zu sagen.* Sie können sich gegenseitig helfen, indem sie sich die Frage stellen: ‚Sage ich überhaupt, was ich sagen will?' Man muß also lernen, sich über seine tatsächlichen Gefühle im klaren zu sein, und das Vermögen entwickeln, diese Empfindungen in eindeutige Worte zu kleiden. Das heißt, es sind eher direkte als gewundene, eher präzise als verallgemeinernde Aussagen vonnöten. Eine Frau, deren Mann sich beim Frühstück hinter der aufgeschlagenen Zeitung verbirgt, sagt vielleicht: ‚Ich wünschte, du würdest deinen Kaffee nicht immer so schlürfen.' Aber tatsächlich meint sie: ‚Es tut mir weh, wenn du dich in die Zeitung vertiefst, anstatt dich mit mir zu unterhalten.' Etwas geradeheraus zu sagen bedeutet, sowohl negative als auch positive Empfindungen ehrlich zu äußern und diese ohne Aggressionen auszudrücken: ‚Ich fühle ...' und nicht ‚Du bist ...'. Zu Beginn einer derartigen Kommunikation muß man ein gewisses Maß an Risikobereitschaft zeigen; haben Mann und

Frau erst einmal gelernt, sich auf ihre Beziehung zu verlassen, werden sie auch in der Lage sein, das zu sagen, was sie wirklich meinen.

Ein Autor erzählt die Geschichte einer Frau, die sich, nachdem sie zu Reichtum gekommen war, dazu entschloß, ein Buch über ihre Vorfahren schreiben zu lassen. Im Lauf seiner Recherchen stieß der berühmte Schriftsteller, den sie für den Auftrag verpflichtet hatte, darauf, daß einer ihrer Großväter auf dem elektrischen Stuhl hingerichtet worden war. Bei dem Hinweis, daß auch diese Begebenheit Bestandteil des Buches sein müsse, bat die Frau den Schriftsteller darum, diese Tatsache so in Worte zu kleiden, daß man die Wahrheit dahinter nicht mehr sehen konnte. Das Buch erschien, und darin war zu lesen: ‚Einer ihrer Großväter beschäftigte sich in einer der bekanntesten amerikanischen Institutionen so intensiv mit der Materie des angewandten elektrischen Stroms, daß er auch in der Stunde seines Todes aufs engste damit verbunden war.‘ Bei einigen Ehepartnern fallen die Versuche, miteinander zu kommunizieren, sicherlich ebenso irreführend und verwirrend aus. Im allgemeinen ist es besser, die Dinge so zu sagen, wie sie liegen – sanft, doch falls erforderlich in aller Deutlichkeit.“[2]

Mit den Worten des Predigers: „Für alles gibt es eine bestimmte Stunde ... Zeit fürs Schweigen und Zeit fürs Reden“ (Prediger 3,1.7).

Bleiben Sie beim Thema

Bemühen Sie sich darum, immer genau herauszufinden, worüber Sie sprechen, und bleiben Sie dann beim Thema. Bringen Sie keine abwegigen oder unbedeutenden Themen in die Diskussion ein. Manchmal müssen Sie vielleicht sagen: „Laß uns das Gespräch unterbrechen und herausbekommen, worüber wir eigentlich reden. Fang' du noch einmal an, und ich höre dir zu. Vielleicht habe ich da etwas nicht richtig verstanden.“ Ergreifen Sie in dieser Richtung selbst die Initiative, und warten Sie nicht darauf, daß Ihr Ehepartner etwas unternimmt. Dazu gehört auch die Bereitschaft, zuhören zu wollen und Fragen zu stellen.

Wenn Sie einen Wortwechsel führen oder sich über ein wichtiges Thema auseinandersetzen, vergessen Sie nie, sich zu fragen: „Gehen unsere Meinungen in dieser Hinsicht tatsächlich so weit auseinander, wie ich denke? Suche ich nach einer endgültigen Lösung, oder wälze ich lediglich Probleme?“ Sehen Sie die Dinge mehr von ihrer Sonnen- oder mehr von ihrer Schattenseite? Verbringen Sie viel Zeit damit, Probleme immer und immer wieder zu durchdenken? Schaffen Sie sich dadurch die Probleme buchstäblich selbst?

Die Antwort auf diese Fragen hängt vielleicht davon ab, ob Sie ein Optimist oder ein Pessimist sind. Die folgende kleine Geschichte zeigt den Unterschied auf humorvolle Weise:

„Es waren einmal zwei Bauern. Der eine war ein Pessimist, der andere ein Optimist. Wenn der Optimist sagte: ‚Wie schön die Sonne scheint‘, erwiderte der Pessimist: ‚Ja, ich fürchte, die Ernte wird vertrocknen.‘ Sagte der Optimist: ‚Wie schön es regnet‘, meinte der Pessimist: ‚Ja, ich fürchte, es gibt eine Überschwemmung.‘
Eines Tages fragte der Optimist den Pessimisten: ‚Hast du meinen neuen Hühnerhund schon gesehen? Es ist der beste Hund, den man für Geld bekommen kann.‘
Der Pessimist antwortete: ‚Meinst du vielleicht den

Köter in dem Zwinger hinter deinem Haus? Der sieht aber wirklich komisch aus.'
Darauf schlug der Optimist vor: ,Wie wär's, wenn wir morgen zusammen auf die Jagd gingen?' Der Pessimist war damit einverstanden, und die beiden machten sich auf. Die Enten, die sie schossen, fielen in einen Teich, und der Optimist befahl seinem Hund, sie zu apportieren. Gehorsam rannte der Hund los. Doch anstatt die Enten schwimmend zu erreichen, lief er auf dem Wasser, holte die Enten heraus und kam wieder zurück.
Der Optimist wandte sich an den Pessimisten und meinte: ,Na, was sagst du nun?'
Darauf erwiderte der Pessimist: ,Hm, schwimmen kann er wohl nicht?'"[3]

Verhalten wir alle uns nicht bisweilen genauso? Uns bleiben die guten Seiten bzw. die Stärken unseres Ehepartners verborgen, weil wir uns auf die Fehler und Schwächen konzentrieren. Es würde den Ehepartnern sicherlich nicht schaden, Philipper 4,8.9 auswendig zu lernen:

„Übrigens Brüder [und Schwestern], alles, was wahr, alles, was ehrbar, alles, was gerecht, alles, was rein, alles, was liebenswert, alles, was wohllautend ist, wenn es irgendeine Tugend und wenn es irgendein Lob gibt, das erwägt! Was ihr auch gelernt und empfangen und gehört und an mir gesehen habt, das tut, und der Gott des Friedens wird mit euch sein."

Begleiten Sie Ihre Kritik mit Lösungsvorschlägen

Sind Sie in der Lage, Ihrem Ehepartner in dem Augenblick, in dem Sie ihn kritisieren, einen klar umrissenen

Lösungsvorschlag zu unterbreiten? Der Satz „Unser Schlafzimmer sieht aus wie ein Schweinestall, so wie du deine schmutzige Wäsche herumliegen läßt“ ist sicherlich nicht dazu angetan, Abhilfe zu schaffen. Wenn Sie aber sagen: „Vielleicht sieht unser Schlafzimmer ein bißchen ordentlicher aus, wenn ich den Wäschekorb hineinstelle, damit wir beide nicht so weit laufen müssen“, bieten Sie Ihrem Partner eine mögliche Lösung des Problems an und teilen gleichzeitig Ihr Mißfallen über den gegenwärtigen Zustand mit.

Ein weiterer Bibelvers zum Auswendiglernen und Anwenden steht bei Paulus:

„Laßt uns nun nicht mehr einander richten, sondern richtet vielmehr darüber, daß dem Bruder kein Anstoß oder Ärgernis gegeben wird“ (Römer 14,13).

Hüten Sie sich davor, Ihren Partner während eines Gespräches zu „analysieren“, indem Sie wie ein Arzt oder Psychiater Fallstudien betreiben. Er ist ein Teil Ihrer selbst – ein Fleisch mit Ihnen!

Verkneifen Sie sich Äußerungen wie „Niemals!“ oder „Immer!“

Nichts vergrößert das Problem mehr als eine summarische Behauptung oder eine schwungvolle Verallgemeinerung. Vermeiden Sie Wörter wie „nie“, „immer“, „alle“, „jeder“ usw.

Verzichten Sie auf emotionsgeladene Äußerungen wie:

- „Du bist nie pünktlich.“
- „Immer sagst du solche Dinge.“

- „Alle Frauen sind rührselig."
- „So sind die Männer nun mal."
- „Alle glauben, daß du so bist, und ich auch!"

Zwei weitere ausgezeichnete Methoden, in einem Gespräch die Schwierigkeiten zu reduzieren, sind: Achten Sie auf Ihre Lautstärke, und übertreiben Sie nicht.

Viele von uns neigen bei Diskussionen in der Familie dazu, laut zu werden. Damit drücken wir aus: „Mit normaler Stimme ist kein Durchkommen zu dir, weil du scheinbar taub bist für das, was ich zu sagen habe. Deshalb werde ich jetzt lauter."

Das Lauterwerden unserer Stimme drängt unseren Partner in die Defensive und kann ihm sogar vermitteln, daß wir die Gewalt über uns oder die Situation verloren haben.

Es ist ein leichtes, unsere Probleme durch Übertreibungen noch zu vergrößern. Vielleicht sind wir der Meinung, daß die Tatsachen als solche keinen Eindruck auf unseren Partner machen. Um die Aufmerksamkeit unseres Partners zu erregen, gehen wir dann hin, verdrehen die Tatsachen ein bißchen oder „verpacken sie ein wenig".

Typischerweise bestehen die meisten unserer Übertreibungen aus schwungvollen Verallgemeinerungen:

Sie: „Niemals wirst du mit dem fertig, was du hier anfängst. An dem Zaun arbeitest du schon seit sechs Monaten!"
Er: „Immer verspätest du dich. Wir kommen zu spät zum Restaurant, zum Theater, zur Elternversammlung, zur Kirche. Wenn das so weitergeht, werden wir sogar zu unserer eigenen Beerdigung zu spät kommen!"

Im Epheserbrief findet sich ein bedenkenswerter Ratschlag für Ehepartner, die gern übertreiben: „Laßt uns aber die Wahrheit bekennen in Liebe und in allem hinwachsen zu ihm, der das Haupt ist, Christus“ (Epheser 4,15).

Kritisieren Sie, ohne dabei zu einem Komiker zu werden

Obwohl ein Scherz oder eine trockene Bemerkung eheliche Unstimmigkeiten entspannen können, sollte man mit humorigen Äußerungen vorsichtig sein. Kritisieren Sie Ihren Ehepartner niemals, indem Sie Witze über ihn machen. Ihnen mag das Problem nicht ernst erscheinen, doch für Ihren Partner kann es von großer Bedeutung sein.

Ehe Sie etwas Spaßiges von sich geben, sollten Sie sich fragen:

- „Wird die Spannung dadurch erhöht oder verringert?“
- „Kann ich über mich selbst lachen, oder mache ich mich lediglich über meinen Partner lustig?“
- „Versuche ich, meine Ansicht mit klugen Sprüchen durchzusetzen?“

Unrecht zugeben, im Recht schweigen

Denken Sie daran, daß auch Sie im Unrecht sein könnten. Vielen Leuten fällt es unsäglich schwer zuzugeben, daß der andere recht haben könnte. Wenn Sie sich darum bemühen, sich selbst gegenüber Unrecht einzugestehen, werden Sie bald in der Lage sein, das auch offen bei einem Streit oder in einem Gespräch zu tun. Tausendfach verbessern Sie die Kommunikation mit Ihrem Ehepartner und vertiefen die eheliche Beziehung, wenn Sie offen zugeben, daß Sie um Ihr Unrecht wissen.

Und bitten Sie, wenn es angebracht erscheint, immer um Verzeihung. Jakobus weist uns an, einander unsere Verfehlungen zu bekennen und füreinander zu beten (vgl. Jakobus 5,16).

Auch Sprüche 28,13 enthält einen guten Ratschlag: „Wer seine Verbrechen zudeckt, wird keinen Erfolg haben; wer sie aber bekennt und läßt, wird Erbarmen finden."

Manchmal muß man sein Unrecht angesichts der Kritik des Ehepartners zugeben, und das fällt nicht leicht, ja, kann in der Tat recht heikel sein. Spielen Sie in einer solchen Situation niemals das „Es-liegt-einzig-und-allein-an-*mir*"-Spiel, denn mit diesem Satz kann man seinen Partner schnell manipulieren. Es läuft darauf hinaus, daß bei Ihrem Partner Schuldgefühle wach werden und er äußert: „Also, es liegt wahrscheinlich zum Teil auch an mir ..."

Wenn Sie sich tatsächlich geirrt haben, dann sollten Sie das auch zugeben. Sie könnten zum Beispiel sagen: „Weißt du, ich glaube, ich bin hier im Unrecht. Es tut mir leid, daß ich das gesagt und dir dadurch wehgetan habe. Was kann ich tun, um es wiedergutzumachen?"

Übt Ihr Ehepartner Kritik an Ihnen, und Sie wissen, daß er im Recht ist, denken Sie an folgende Verse aus den Sprüchen:

„Armut und Schande dem, der Züchtigung unbeachtet läßt; wer aber Zurechtweisung beachtet, wird geehrt" (Sprüche 13,18).

„Bring her zur Zucht dein Herz, und deine Ohren zu den Worten der Erkenntnis!" (Sprüche 23,12).
„Ein goldener Ohrring und ein Halsgeschmeide aus feinem Gold, so ist ein weiser Mahner für ein hörendes Ohr" (Sprüche 25,12).

Und versichern Sie Ihren Ehepartner Ihrer Vergebung, wenn er Verfehlungen bekennt und Unrecht eingesteht. Selbst wenn Sie im Recht waren, tun Sie den ersten Schritt in Richtung Vergeben und *Vergessen*. Sprüche 17,9 lehrt: „Wer Vergehen zudeckt, strebt nach Liebe", und im Kolosserbrief (3,13) steht geschrieben: „Ertragt einander und vergebt euch gegenseitig, wenn einer Klage gegen den anderen hat."

Zu guter Letzt finden wir bei dem Apostel Petrus hilfreiche Worte. Er schreibt: „Vor allen Dingen aber habt untereinander eine anhaltende Liebe, denn die Liebe bedeckt eine Menge von Sünden" (1. Petrus 4,8). Und der amerikanische Vershumorist Ogden Nash richtete einmal das folgende Wort an die Ehemänner (das sicherlich auch für die Ehefrauen gilt): „Damit der Becher der Liebe bis zum Rand gefüllet bleibe: Gesteh' dein Unrecht ein, im Rechte jedoch schweige." (Siehe Anhang, *Wie wollen Sie vorgehen? 9*).

KAPITEL 10

Kommunikation schafft Selbstachtung

Wenn Sie sich an die genannten Hinweise gehalten haben, werden Sie festgestellt haben,

- daß Sie gar kein so schlechter Gesprächspartner sind und inzwischen einige nützliche Hinweise mitbekommen haben, die Ihnen dabei helfen, ein noch besserer zu werden,
- oder daß sich Ihre Kommunikationsfähigkeit in verschiedenen Bereichen verbessert hat
- oder daß Sie zumindest einige kleine Schritte in Richtung auf eine tiefergehende Kommunikation mit Ihrem Ehepartner unternommen haben.

Ganz gleich, wo Sie als Ehemann oder Ehefrau stehen, es sollte Ihnen am Herzen liegen, daß die Kommunikationswege frei bleiben Ein Schlüssel – vielleicht *der* Schlüssel – zur Kommunikation besteht darin, die Selbstachtung des Partners zu erhöhen. Unter Selbstachtung verstehen wir die Allgemeinbeurteilung der eigenen Person – wie sehr man sich gefällt und was man von sich hält. Hohe Selbstachtung bedeutet nicht, daß man ständig auf einen „Egotrip" geht, sondern daß man ein hohes Selbstwertgefühl hat. Man ist froh, so zu sein, wie man ist.[1]

Zwangsläufig sind Eheleute mit hoher Selbstachtung glücklichere Menschen, die sich einander besser mitteilen können. Hohe Selbstachtung bedeutet, daß Ängste, Komplexe und die anderen Schwierigkeiten, die einer erfolgreichen Kommunikation im Weg stehen, fehlen bzw. sich auf ein erträgliches Maß reduzieren. Selten ist ein Ehegatte mit einer niedrigen Selbstachtung ein guter Gesprächspartner, denn niedrige Selbstachtung hüllt einen Menschen in den Panzer des Schweigens oder zwingt ihn, zu einem übermäßig redseligen, unerträglichen Diktator zu werden, der lediglich eine Einbahn-Kommunikation zuläßt.

In diesem letzten Kapitel geht es um die stetige Herausforderung, die Selbstachtung Ihres Partners zu vergrößern, damit er oder sie sich ernstgenommen, gewollt, wertgeschätzt, erfolgreich und vor allen Dingen geliebt weiß. Es folgen zehn praktische Grundsätze, mit denen Sie die Selbstachtung Ihres Partners vergrößern können.

Schaffen Sie der Kommunikation eine sichere Grundlage

Streben Sie danach, in Ihrem Heim eine Atmosphäre der Toleranz zu schaffen und aufrechtzuerhalten. In einer derartigen Umgebung haben beide Ehepartner die Freiheit, einander offen und ehrlich mitzuteilen, was sie empfinden, denken und glauben. Jedes Familienmitglied hat das Recht, die Wahrheit auszusprechen, solange das in Liebe geschieht. Bewußt bauen Eheleute keine Hindernisse auf, die der gegenseitigen Verständigung abträglich sein können.

Manchmal sagt ein Ehepartner zum anderen: „Ich habe dir das nicht erzählt, weil ich Angst hatte, dir damit wehzutun." Mit dieser Entschuldigung kann man sich leicht den Anschein geben, tatsächlich um die Gefühle des anderen besorgt zu sein. Doch nur selten ist dieser Vorwand einer offenen Kommunikation in der Weise förderlich, wie es die Ehe eigentlich verlangt. Vielleicht verletzt die Wahrheit, vielleicht aber auch nicht. Konstruktive Diskussionen werden in der Ehe oft deshalb vermieden, weil den Ehepartnern bewußt ist, daß sie bei sich Dinge ändern müßten, soll Kommunikation auf einer höheren Stufe stattfinden.

Ein amerikanischer Ehepsychologe hat Richtlinien für eine offene, tolerante Kommunikation aufgestellt:

„1. Betrachten Sie die positiven Aspekte von Offenheit. Wenn ein Mann und eine Frau in einer derartig engen Beziehung leben, sollte es bei beiden keine Erfahrungsbereiche geben, die sie voreinander geheimhalten.
2. Irgendwann muß die Zeit kommen, in der wir uns mit unserem Partner zusammensetzen und sagen: ‚Schatz, du hast ein Recht darauf zu wissen, wen du geheiratet hast. Ich will dir etwas über mich erzählen.'
3. Der niederträchtigste Einsatz von Offenheit besteht darin, sie als Angriffswaffe zu benutzen. ‚Ja, das habe ich getan; aber ich habe es nur getan, weil du mir gegenüber so kalt gewesen bist.' Das hat nichts mehr mit Ehrlichkeit zu tun, sondern ist ein offener Angriff.
4. Seien Sie sich selbst gegenüber ohne Ausrede oder Rechtfertigung ehrlich. Stehen Sie zu den Fehlern, die Sie gemacht haben.
5. Zwei Parteien müssen ihrer Rolle gerecht werden – niemand sollte jemals über einen anderen zu Gericht sitzen."[2]

Es lohnt sich, diese fünf Regeln zu beherzigen, die sich eng an die Grundsätze zur Bewältigung von Kontroversen aus Kapitel 9 anlehnen. Wie aber soll man sich in solchen Fällen verhalten, in denen Offenheit und Aufrichtigkeit scheinbar mehr Schaden anrichten als etwas nützen? Gibt es in einer Ehe nicht Zeiten, in denen es liebevoller ist (vielleicht nur ein klein wenig?) zu lügen, als die Wahrheit zu sagen? Ist es nicht besser, in bestimmten Situationen zu lügen, wenn es darum geht, ehelichen Unannehmlichkeiten aus dem Weg zu gehen oder seinem Partner nicht wehzutun?

Wir alle können uns Situationen vorstellen, in denen die Wahrheit unseren Ehepartner verletzen könnte. Doch kann man eventuelle Unannehmlichkeiten auf die Dauer durch Lügen vermeiden? Lügen – selbst harmlose, die um des lieben Friedens willen erzählt werden – kommen stets irgendwie ans Licht und machen alles dann nur noch schlimmer.

Wenn Sie zur Vermeidung unangenehmer Situationen Lügen in Betracht ziehen, sollten Sie Ihre Motivation einmal schonungslos unter die Lupe nehmen. Fürchten Sie tatsächlich, Ihrem Partner wehzutun? Oder sind Sie nicht vielmehr um sich selbst besorgt? Versuchen Sie, sich aus einer unangenehmen Lage herauszuwinden, weil sich ein Streit darüber nicht lohnt?

Oft sind wir versucht zu lügen, wenn uns unser Tun entgegengehalten wird. Um die Schuld von uns abzuwälzen, sind wir versucht, die Wahrheit zu verfälschen oder die Tatsachen zu verdrehen, ein Verhaltensmuster, das wir bereits im Kindesalter erlernt haben. Kinder, die mit einem Fehlverhalten konfrontiert werden, haben große Schwierigkeiten damit, dazu zu stehen und sich zu entschuldigen.

Haben Sie jemals beobachtet, wie andere Menschen darauf reagieren, wenn Sie die Verantwortung für Ihr Tun übernehmen und Ihre Taten offen und ehrlich eingestehen? Ehrlich gesagt, auf ein Geständnis von Fehlern oder Vergehen, das einen selbst zum Sündenbock macht, reagieren die meisten Menschen höchst erstaunt, wenn sie nicht gar tief betroffen sind!

Bisweilen mag es angebracht erscheinen, einen Teil der Wahrheit zurückzuhalten, weil der andere zu dem Zeitpunkt vielleicht noch nicht in der Lage ist, die ganze Wahrheit zu verkraften. Doch bitte denken Sie daran: Wenn Sie einen Teil der Informationen zurückhalten, lassen Sie Ihren Partner eine Wahrheit glauben, die der eigentlichen Wahrheit nicht entspricht. Sie spielen mit den Gefühlen Ihres Partners und setzen darüber hinaus den guten Zustand Ihrer Kommunikation aufs Spiel. Denken Sie einmal darüber nach, ob ein derartiges Wagnis sich lohnt.

Verstehen, nicht verstanden werden

Die Zeit und Mühe, die Sie aufbringen, den Standpunkt Ihres Partners zu verstehen, sollten mindestens der Zeit und Mühe entsprechen, die Sie selbst zur Verdeutlichung Ihres Standpunktes aufwenden. Für die Überzeugungen, Taten und Angewohnheiten Ihres Partners gibt es wahrscheinlich handfeste und berechtigte Gründe. Da jedermann einen anderen Werdegang hat und aus einem anderen Milieu stammt, fließen diese Umstände notgedrungen in die eheliche Beziehung mit ein.

Was steckt dahinter, wenn ein Ehepartner schmollt, sich aufregt oder keine Lust mehr hat, weil der andere „nicht versteht"? Im Klartext lautet die Botschaft: „Du verstehst *mich* nicht! Du willst dich auf meine Ideen und meine Art, die Dinge anzupacken, nicht einstellen. Du willst mich meinen Weg nicht gehen lassen."

Werfen sich beide Ehepartner mangelndes Verständnis füreinander vor, handelt es sich um ein noch schwerwiegenderes Problem, und die Kommunikation ist ernstlich in Gefahr. Aus der Schwierigkeit, „mißverstanden" zu werden, gibt es allerdings einen Ausweg. Paul Tournier legt den Finger auf die Lösung, indem er schreibt:

„Sie kennen jenes schöne Gebet des Franz von Assisi: ‚Herr! Laß du mich trachten, nicht daß ich verstanden werde, sondern daß ich verstehe.' Das ist dieser neue Wunsch, den der Heilige Geist in den Eheleuten erweckt und der ihre Ehe umwandelt. Solange es unsere Hauptsorge ist, von unserer Frau verstanden zu werden, sind wir unglücklich, von Selbstmitleid, vom Geist des Forderns erfüllt, und bitter ziehen wir uns in uns selbst zurück. Sobald wir uns aber vor allem damit befassen, unsere Frau zu verstehen, das an ihr zu verstehen, was wir bis jetzt noch nicht verstanden hatten, sobald wir einsehen, daß es unrecht war, nicht zu verstehen, dann laufen die Ereignisse in anderer Richtung ab ... Sobald sich der Mensch verstanden fühlt, öffnet er sein Herz, und weil er Einblick in sein Herz gewährt, kann er sich auch besser verständlich machen."[3]

Tournier hält das gegenseitige Verstehen für so notwendig, daß er der Meinung ist, Mann und Frau sollten davon in Anspruch genommen sein, darin aufgehen, sich darin versenken, um herauszufinden, was in dem anderen vorgeht, was der andere mag, nicht mag, fürchtet, worüber er sich sorgt, wovon er träumt, woran er glaubt und warum er oder sie empfindet, wie er oder sie empfindet.

Auch diese Grundwahrheit lehrt die Bibel von jeher. Vor langer Zeit bereits wies der Apostel Paulus die Epheser an, geziemend zu leben: „... mit aller Demut und Sanftmut, mit Langmut, einander in Liebe ertragend" (Epheser 4,2).

Dasselbe hatte Paulus im Sinn, als er folgendes an die Philipper schrieb:

„... so erfüllt meine Freude, daß ihr dieselbe Gesinnung und dieselbe Liebe habt, einmütig, eines Sinnes seid, nichts aus Eigennutz oder eitler Ruhmsucht tut, sondern daß in der Demut einer den anderen höher achtet als sich selbst; ein jeder sehe nicht auf das Seine, sondern ein jeder auch auf das des anderen" (Philipper 2,2-4).

Bei dem Ausruf „Du verstehst nicht!" handelt es sich um das kindische Gequengel eines unreifen Ehegatten, der mit dem Partner sein Spiel treibt. Das Gebet des Franziskus: „Herr! Laß du mich trachten, nicht daß ich verstanden werde, sondern daß ich verstehe" sollte ebenfalls das aufrichtige Anliegen des Ehemanns und der Ehefrau sein, die in Verständigung treten wollen, denen es darum geht, über die Stärkung des Partners eine erfolgreiche Ehe zu führen. (Siehe Anhang, *Ihre Meinung ist gefragt 27*).

Gehen Sie nicht davon aus, alles zu wissen – fragen Sie lieber

Seien Sie sich bewußt, daß Sie manche Einzelheit nur in Erfahrung bringen können, wenn Sie Ihren Ehepartner danach fragen. Gehen Sie niemals davon aus, daß Sie die Gedanken Ihres Partners kennen. Haben Sie schon einmal gehört, daß ein Ehemann gesagt hat: „Meine Frau denkt ..."? Woher will er das eigentlich wissen? Weiß er *wirklich*, daß sie das denkt oder glaubt?

Oder setzt er das einfach voraus? Hat er sie gefragt? Hat er die Angelegenheit jemals richtig mit ihr durchgesprochen?

Es ist gefährlich, Vermutungen über das Wissen, Denken und Fühlen des Partners anzustellen. Es ist zwar möglich, aus den nonverbalen Äußerungen eines Menschen – Blicke, Verhaltensweisen – Rückschlüsse auf das zu ziehen, was er glaubt; will man jedoch wirklich wissen, was in einem Menschen vorgeht, muß man mit ihm darüber reden. Die Verständigung zwischen Mann und Frau wird automatisch besser, wenn beide ihre Vermutungen lassen und sich austauschen. Schalten Sie doch einmal Ihr Fernsehgerät aus (warum nicht gleich jetzt?), und sprechen Sie über die Begriffe, die Sie im Anhang unter *Ihre Meinung ist gefragt 28* finden.

Zuhören, nicht unterbrechen

In den Kapiteln 4 und 5 haben wir bereits einiges zum Thema „Zuhören" gesagt, doch im Grunde genommen kann man gar nicht oft genug über diese Fähigkeit sprechen, die in so vielen Ehen aus Mangel an Betätigung praktisch verkümmert ist.

Die erste Pflicht der Liebe besteht höchstwahrscheinlich im Zuhören. Ein Autor meint: „Wenn wir in der Lage sind, ebenso gut zuzuhören wie wir reden, können wir mit zunehmendem Alter an Weisheit und Erkenntnis gewinnen, um nicht, wie einige Menschen, mit fünfundsechzig noch mit dem Vorurteilspaket behaftet zu sein, das wir bereits im Alter von fünfundzwanzig mit uns herumschleppten."

Doch sorgfältiges Zuhören erfordert Disziplin. Aus Ungeduld und mangelnder Aufmerksamkeit hören wir unserem Partner nicht zu. Das ist besonders dann der Fall, wenn er Dinge sagt, die wir nicht unbedingt hören wollen.

Am schwersten tun wir uns wahrscheinlich mit dem Zuhören, wenn unser Ehepartner etwas zu einem ungünstigen Zeitpunkt zur Sprache bringt. Sie kommen zum Beispiel tief in der Nacht erschöpft nach Haus; Ihre Frau liegt bereits im Bett und schläft (das glauben Sie zumindest). Müde kriechen Sie ins Bett und sind gerade am Einschlafen, als Sie plötzlich merken, daß Ihre Frau überhaupt nicht geschlafen hat. Sie hat auf Sie gewartet und sagt: „Ich habe schon lange etwas auf dem Herzen, das ich jetzt mit dir besprechen möchte."

Anfänglich werden Sie vielleicht denken: „Eine bessere Zeit konnte sie sich wohl nicht aussuchen. Warum muß sie unbedingt jetzt darüber reden und nicht am Tag? Weiß sie denn nicht, wie spät es ist und wie erschlagen ich bin?"

Zugegeben, die Zeitwahl ist nicht gerade die günstigste, aber ehe Sie die Angelegenheit auf den nächsten Tag verschieben, lassen Sie sich die Sache durch den Kopf gehen. Warum hat sie so lange damit gewartet, etwas zur Sprache zu bringen? Warum wartet sie, bis Sie beide im Bett liegen und sich in der Dunkelheit leicht verbergen können? Haben Sie möglicherweise etwas getan, das es Ihrer Frau schwer macht, über die Dinge zu reden, die sie auf dem Herzen hat? Diese Fragen sollten Sie erwägen, ehe Sie reagieren. Auch wenn Sie sich Zeit zum Zuhören nehmen, können Sie durchaus etwas dazulernen!

In bezug auf Zuhören und Unterbrechen gibt es weitere allgemein verbreitete Probleme. Nehmen wir zum Beispiel die Art von Mensch, die immer alles klarstellen muß. Ein typischer Dialog in dieser Richtung läuft etwa folgendermaßen ab. Der Ehemann erzählt einem befreundeten Ehepaar eine Geschichte ...

„Wir fuhren Mitte Juli los."

„Aber, Liebling, es war genau am siebenundzwanzigsten."

„Gut. Also, wir fuhren am siebenundzwanzigsten, etwa um neun Uhr morgens los ..."

„Es tut mir leid, Schatz, aber es war genau halb acht. Ich erinnere mich daran, zur Uhr gesehen zu haben, als ich auf die Türklinke faßte."

„Nun, irgendwann sind wir losgefahren und kamen bis nach Atlanta."

„Bist du sicher, daß wir am ersten Tag so weit gefahren sind? Sind wir nicht ..."

Schnell ist man hier im Bild. Die Frau hört zu genau zu, aber nicht, weil sie den Worten ihres Mannes lauschen will, sondern weil es ihr darum geht, die Dinge klarzustellen!

Wenden wir uns nun der Art von Mensch zu, die die Absichten durchschaut. Ein solcher Mensch ist einem im allgemeinen meist einen Schritt voraus, aber unglücklicherweise dennoch davon überzeugt, wirklich zuzuhören. Doch nie können Sie das zu Ende bringen, was Sie eigentlich sagen wollten. Frauen neigen dazu, ihren Ehemännern zuvorzukommen, wie das folgende Beispiel zeigt:

„Schatz, ich war heute in dem Laden ..."

„Sag' ja nicht, du hast die Einkaufsliste vergessen!"

„Nein, das wollte ich nicht sagen. Ich sagte, ich war heute in dem Laden und sah dort Michael ..."

„Du hast Michael Klein gesehen? Wie geht es ihm? Gefällt den Kleins ihr neues Heim? Wie steht es um ..."

„Nein, Michael Klein war nicht da. Ich wollte sagen ..."

Oder was halten Sie von einem Kreuzverhör? Ein

solcher Mensch hört so gut zu, daß Sie meinen, sich in einem Folterverhör zu befinden, wenn er das Wort ergreift ...

„Mann, ich bin gerade von unserem Urlaub zurück, und wir haben wirklich etwas erlebt. In einem Naturpark haben wir zwei Tage lang ein Wildrudel beobachtet."

„Um was für Wild hat es sich gehandelt? Um Rothirsche oder um Rehe?"

„Das weiß ich nicht."

„Das weißt du nicht? Kennst du den Unterschied denn nicht? Hat euer Führer euch den Unterschied zwischen beiden nicht erklärt? Gut, dann will ich ihn dir erklären ..."

Früher oder später werden Sie sich wahrscheinlich wünschen, Sie hätten niemals ein Wildrudel gesehen. Mit aller Sicherheit aber werden Sie bereuen, dieses Thema bei Ihrem das Kreuzverhör führenden Freund angeschnitten zu haben.

Genug der Beispiele für Schwierigkeiten, auf die Sie beim Nichtzuhören möglicherweise stoßen (oder die Sie verursachen können).

Wenden wir uns noch einmal dem zu, was das Wort Gottes über das Zuhören sagt: „Wer Antwort gibt, bevor er zuhört, dem ist es Narrheit und Schande" (Sprüche 18,13).

Im Jakobusbrief steht der Vers, den Mann und Frau auswendig lernen sollten. Jeder Mann und jede Frau „sei schnell zum Hören, langsam zum Reden, langsam zum Zorn" (Jakobus 1,19). (Siehe Anhang, *Ihre Meinung ist gefragt 29*).

Der Weise sagt: „Ein Gatte mit Verstand wird niemals zum Nörgler."

Es mutet vielleicht seltsam an, doch *zu viele* Worte können sich genauso nachteilig auswirken wie *zu wenige*. Wenn Sie sich in angemessener Weise mit einer Schwierigkeit oder einem Thema auseinandergesetzt haben, sprechen Sie von etwas anderem. Formulieren Sie Ihre Meinung und Ihre Überzeugungen nicht immer wieder neu. Allzu oft wird das Problem durch viel Reden nur noch vergrößert. Die Sprüche drücken das drastisch aus: „Bei vielen Worten bleibt Treubruch nicht aus, wer aber seine Lippen zügelt, handelt klug" (Sprüche 10,19).

Eine typische Erscheinungsform von „zu vielen Worten" ist das Nörgeln, das dauernde Herumreiten auf einer Sache, das Schikanieren des Partners aus diesen und jenen Gründen. Eine Definition spricht von „kritischem Fehltritt". Doch mit welcher Bezeichnung man es auch belegt, auf keinen Fall hat das Nörgeln einen positiven Effekt. Es verärgert und entmutigt beide Ehepartner, sowohl den Nörgler als auch den „Benörgelten".

Vielleicht ist Ihnen das Bonmot „Eine Frau mit Verstand wird niemals zu einer Nörglerin" bekannt. Der landesweiten Umfrage einer führenden amerikanischen Zeitschrift zufolge ärgert die meisten Ehemänner nichts mehr als das Nörgeln ihrer Frauen.

Andererseits aber nörgeln Männer genausoviel wie Frauen. Sie mögen sich vor kurzem vielleicht gesagt haben: „Meine Nörgeleien sind die einzige Methode, mit der ich meinen Partner zu Reaktionen veranlassen kann. Und bei den Kindern ist es genau dasselbe. Wenn ich es ihnen nicht hundertmal sage und sie immer wieder daran erinnere, tun sie nie, was ich will!" Es trifft zu, daß Ehepartner und Kinder scheinbar besonders „angemeckert" werden müssen. Doch möglicherweise kann man sich dabei einer besseren Methode bedienen. Macht es Ihnen denn Spaß, dauernd zu nörgeln? Erfüllt es wirklich seinen Zweck? Warum halten Sie an dieser untauglichen Methode fest, wenn Sie damit nicht zufrieden sind? Was ist, wenn Sie Ehepartner und Kinder so erzogen haben, daß diese nur auf Sie reagieren, wenn Sie nörgeln – das heißt, Ihre Worte immer und immer wiederholen und allmählich lauter werden.

Wenn Sie manche Dinge ein halbes dutzendmal oder öfter sagen müssen, ehe etwas geschieht, schenkt Ihr Ehepartner Ihnen entweder keine Aufmerksamkeit, oder er glaubt nicht, daß Ihre ersten Worte von Bedeutung sind.

Wie aber können Sie die Aufmerksamkeit Ihres Partners auf sich lenken, ohne sich unaufhörlich wiederholen zu müssen? Ihre Frau wird vielleicht von der Planung des großen Essens am kommenden Samstag völlig in Anspruch genommen, während Sie vor dem Verlassen des Hauses verzweifelt versuchen, ihr zu erzählen, was bei der Autoinspektion alles gemacht werden muß. Sie will einfach nicht hören, daß ein Ölwechsel vorgenommen und die Bremsen überprüft werden müssen. Die beste Methode besteht darin, direkt auf sie zuzugehen und ihr beim Sprechen in die Augen zu schauen. Vielleicht legen Sie ihr den Arm um die Schulter und sagen ihr, was Sie zu sagen haben. Es gibt viele angenehme Methoden, Dinge zu vermitteln, ohne dabei ein Nörgler zu sein. Seien Sie dabei erfinderisch, und scheuen Sie auch vor Experimenten nicht zurück. Und denken Sie an einen Ausspruch Salomos (der auch einen Mann betreffen kann): „... ein tropfendes Dach, das einen vertreibt, sind die Zänkereien einer Frau" (Sprüche 19,13). Dieser König mit den vielen Frauen hat ebenfalls gesagt: „Besser auf dem Dach in einer Ecke wohnen als eine zänkische Frau und ein gemeinsames Haus" (Sprüche 21,9). (Siehe Anhang, *Ihre Meinung ist gefragt 30*).

Ziehen Sie keine voreiligen Schlüsse

Der alte Witz, daß man vor dem Reden das Gehirn einschalten soll, ist wohl jedem geläufig, doch leider sind die meisten Menschen nicht dazu in der Lage. Schnell wird etwas dahergesagt, und hinterher tut einem das Gesagte noch lange leid.

Wie bereits mehrfach erwähnt, rät uns die Bibel, „langsam zum Reden" zu sein. Das heißt, denken Sie nach, ehe Sie vorschnell etwas von sich geben. Beherrschen Sie sich, und sprechen Sie so, daß Ihr Ehepartner Sie verstehen und das Gesagte aufnehmen kann.

An dieser Stelle zwei weitere Verse aus den Sprüchen Salomos:

„Wer seinen Mund und seine Zunge bewahrt, bewahrt vor Nöten seine Seele" (Sprüche 21,23).
„Siehst du einen Mann, der sich in seinen Worten überhastet – für einen Toren gibt es mehr Hoffnung als für ihn" (Sprüche 29,20).

Aus beiden Versen geht hervor, daß es nicht vernünftig ist, in Wut zu geraten und voreilige Schlüsse zu ziehen. Außerdem zerstört man damit die Selbstachtung des Partners. Wollen sie dagegen die Selbstachtung Ihres Partners vergrößern, beherzigen Sie den Rat des Jakobus (den man vielleicht in das Ehegelöbnis einbeziehen sollte): „Jeder Mensch sei schnell zum Hören, langsam zum Reden, langsam zum Zorn" (Jakobus 1,19).

Nahezu überall wird man mit voreiligen Schlüssen konfrontiert, doch in der Ehe ist diese Art des Denkens am höchsten entwickelt:

Sie: „Schatz, ich war heute einkaufen und habe diese niedliche kleine Boutique entdeckt; dort habe ich mich großartig amüsiert ..."

Er (vor Wut fast platzend): „Was! Hast du etwa das letzte Geld für neue Kleider verpulvert?"

Tatsache ist, daß sie lediglich einige Kleider anprobiert hat, ohne eins davon zu kaufen. Zweites Beispiel:

Er: „Ich habe mich heute im Büro mit einigen Leuten unterhalten, und sie planen für Samstag diese Tour; ich ..."

Sie: „Du willst wieder mal nur deinen Spaß haben, wo du doch noch den ganzen Zaun streichen mußt und der Garten allmählich wie ein Ausläufer des Urwalds aussieht!"

Tatsache ist, daß er den Leuten im Büro abgesagt hat, weil er „zu Haus noch so viel zu tun hat".

Beliebig viele derartige Beispiele ließen sich hier noch anführen, und jedesmal nimmt die Selbstachtung der Ehepartner Schaden.

Es ist nicht nur dann wichtig, sich Zeit zu lassen, wenn man spürt, daß man gerade wieder einmal zu voreiligen Schlüssen kommt, sondern auch dann, wenn es darum geht, zum rechten Zeitpunkt das Richtige zu sagen. Salomo meint dazu: „... ein Wort zu seiner Zeit, wie gut!" (Sprüche 15,23).

Auch dafür finden sich, auf die Ehe bezogen, zahllose Beispiele (und Gelegenheiten). Wenn es darum geht, das Aussehen ihrer Frau mit einem Kompliment zu würdigen, tun sich die Männer offensichtlich recht schwer und verpassen oft den rechten Zeitpunkt dazu. Statt zu warten, bis Ihre Frau Ihnen anerkennende Bemerkungen über ihre Frisur, ihr Kleid, ihre Kochkünste usw. entlockt, sollten Sie ihr ein wenig mehr Aufmerksamkeit schenken und ihr ernstgemeinte Komplimente machen, ohne daß Sie mit der Nase darauf gestoßen werden müssen. Ein spontanes Kompliment ist für das Selbstwertgefühl hundertmal bekömmlicher als das typische Gemurmel: „O ja ... sehr hübsch ... mmh ..."

Was die Frauen betrifft, so sollten sie niemals vergessen, daß ihre Ehemänner mindestens genauso eitel sind wie sie selbst. Auch sie möchten Komplimente hören, wenn es um ihr Aussehen geht. Und auch hier gilt, daß spontane Komplimente wirksamer sind, als zu warten, bis er seinen neuen Anzug auch anzieht. Uns allen sind Komplimente zuwider, die genau dann gemacht werden, „wenn man ein Kompliment erwartet". Das heißt, machen Sie Komplimente, wenn sie nicht erwartet werden, und Sie werden die Selbstachtung Ihres Partners deutlich steigern.

Verschiedene Meinungen? Ja! Respektlosigkeit? Nein!

Respektieren Sie stets die Meinungen Ihres Partners, auch wenn sie nicht mit den Ihrigen übereinstimmen. Wie bereits erwähnt, ist kein Ehepaar in der Lage, immer einer Meinung zu sein. Doch heißt das nicht, daß die Ehepartner ihre gegenseitigen Meinungen nicht respektieren und nicht bereit sind, einander zuzuhören. Wie Voltaire einmal sagte: „Ich mißbillige, was Ihr sagt, aber ich werde Euer Recht, es sagen zu dürfen, bis zum äußersten verteidigen." Wenn Sie und Ihr Ehepartner wieder einmal verschiedener Meinung sind, brauchen Sie gewiß nicht so gewandt zu reden wie Voltaire, doch hüten Sie sich vor typischen Redewendungen wie:

- ▷ „Du begreifst überhaupt nichts!“
- ▷ „Das kann ich einfach nicht glauben!“ (Was bedeutet: „Deine Aufrichtigkeit stelle ich nicht in Frage, lediglich dein Recht, zum Menschengeschlecht zu gehören.“)
- ▷ „O nein, nicht schon wieder der Kram!“

Ein amerikanischer Fernsehkomiker ist mit der Zeile „Niemand achtet mich“ berühmt und reich geworden. Ein Grund für seinen Erfolg besteht wahrscheinlich darin, daß viele Ehemänner und Ehefrauen sich mit der Vorstellung identifizieren, daß „niemand sie achtet“. Paulus muß besonders Eheleute im Sinn gehabt haben, als er schrieb:

„[Tut] nichts aus Eigennutz oder eitler Ruhmsucht, sondern daß in der Demut einer den anderen höher achtet als sich selbst; ein jeder sehe nicht auf das Seine, sondern ein jeder auch auf das der anderen“ (Philipper 2,3.4). (Siehe Anhang, *Ihre Meinung ist gefragt 31*).

Befassen Sie sich mit den Möglichkeiten Ihres Partners, nicht mit seiner Vergangenheit

Grenzen Sie Ihren Partner nicht auf Dinge ein, die er in der Vergangenheit getan hat und die Ihren Ansprüchen nicht gewachsen waren bzw. sich nicht völlig mit Ihren Erwartungen deckten. Stecken Sie Ihren Ehepartner in eine Schublade? Überlegen Sie, ob Sie manchmal (oder oft) Wendungen gebrauchen wie:

- ▷ „Nie versteht er mich.“
- ▷ „Sie hört mir einfach nicht zu.“

- ▷ „Er will sich nicht ändern."
- ▷ „Sie sagt das eine und tut das andere."
- ▷ „Ich komme einfach nicht an ihn heran ... er ist ein hoffnungsloser Fall."

Haben Sie so etwas schon einmal gesagt? Dann fragen Sie sich: Würde mein Ehepartner dasselbe auch über mich sagen? Tue ich etwa genau das, was ich meinem Partner zum Vorwurf mache?

Christliche Ehepartner werden sich voneinander keine Klischeevorstellung bilden oder einander in Schubladen stecken, solange ihnen die Kernaussage des Neuen Testaments gegenwärtig ist, daß Gott weitaus mehr Interesse daran hat, was ein Mensch sein kann, als was er gewesen ist.

„Stehen andere Menschen für Sie in einem Prozeß der Besserung, oder sind sie für Sie unauflöslich mit ihrer Vergangenheit verbunden – mit dem, was sie (nicht) getan oder gesagt haben (so weit es besonders Sie betraf)? ... Schnell ist man dabei, andere Menschen in eine Schublade zu stecken. Denken Sie nur an die hübschen kleinen Fächer ‚schlampig', ‚geschwätzig', ‚unehrlich', ‚unzuverlässig', ‚unfair' usw. ... Das Christentum jedoch befaßt sich mit den *Möglichkeiten* eines Menschen, mit dem, was aus ihm *werden* kann, und nicht nur mit dem, was er *ist*. Darin besteht die Kernaussage des Evangeliums. Hätte Gott sich einzig und allein auf der Grundlage unserer Vergangenheit mit uns befaßt, hätte er Christus niemals für unsere Sünden sterben lassen. Doch Gott liebt uns, und für ihn waren wir Wesen mit vielen Möglichkeiten. Er vergab uns, vergibt uns noch immer und hofft auf das, was wir werden können, wenn wir Antwort geben auf das Geschenk, das er uns in Christus gegeben hat."[4]

Versuchen Sie nicht, Ihren Ehepartner in Ihr Ebenbild umzugestalten

Wenn Sie Ihren Partner wirklich lieben, verlangen Sie nicht von ihm, eine abgewandelte Ausgabe Ihrer Vorstellungen oder ein verbessertes Abbild Ihrer selbst zu werden. Lassen Sie Ihrem Partner die Freiheit, Einzelwesen mit eigenen Vorstellungen zu sein. Hüten Sie sich davor, bei Ihrem Partner den Eindruck zu erwekken, daß Sie ihn inniger lieben, wenn er der gleichen Meinung ist wie Sie. Vergessen Sie nicht:

„... wir alle sind befangen. Das Bild, das wir von uns selbst haben, ist unmittelbar verbunden mit dem, was wir fühlen, mit dem, was wir tun, und mit den Dingen, die wir mögen. Kritisiert man den Standpunkt, den Geschmack, die Ideen eines Menschen, so stellt man *ihn* in Frage, ganz gleich, was man wirklich im Sinn hat.
Ehe Sie Ihre Waffen auf die Vorstellungen, Meinungen und Taten eines anderen richten, sollten Sie sich einige Fragen stellen: Versuche ich, diesem Menschen zu helfen, oder will ich ihm lediglich mein Wertsystem aufdrängen? Achte und mag ich diesen Menschen für das, was er ist, oder versuche ich, ihn meiner Vorstellung von achtbar, liebenswert oder geistlich anzupassen?“[5]

Beten Sie füreinander

Beten Sie füreinander, jeder für sich, nach Möglichkeit aber auch zusammen. In christlichen Kreisen wird viel über Männer und Frauen gesprochen, die „zusammen die Bibel lesen und miteinander beten“, doch ist fraglich, wie viele Ehepaare das wirklich tun. Um eine bekannte Weisheit wiederzugeben: „Wenn Mann und Frau miteinander beten, werden sie nicht nur zusammenbleiben, sondern sich auch wirksamer verständigen können."

Im Alten Testament forderten die Israeliten einen König für sich, der sie gegen die zahlreichen feindlichen Nachbarvölker führen sollte. Samuel, der letzte der Richter, stimmte dem nur widerwillig zu und krönte Saul. Immer wieder aber ermahnte Samuel die Israeliten, daß sie sich an Gott halten und sich nicht einzig und allein auf ihren neuen König verlassen sollten. Die leidenschaftliche Rede in 1. Samuel 12 soll die Kinder Israels an ihre Verantwortung Gott gegenüber erinnern und sie gleichzeitig ermahnen, nicht über die Siege Sauls in Verzückung zu geraten. Im Anschluß an die Rede bittet das Volk Samuel, weiterhin für es zu beten und bei Gott Fürsprache einzulegen, worauf Samuel erwidert: „... fern sei es von mir, daß ich mich an dem HERRN versündigen und aufhören sollte, für euch zu bitten" (1. Samuel 12,23).

Mann und Frau sollten sich Zeit nehmen, diesen alttestamentlichen Text gemeinsam zu lesen. Samuel trug eine ihm von Gott übertragene geistliche Verantwortung für sein Volk. Wenn Mann und Frau das Ehegelöbnis ablegen, wird ihnen neben körperlicher, geistiger und gefühlsmäßiger Verantwortung besonders die geistliche Verantwortung füreinander übertragen. Bei all den Herausforderungen und Zwängen, denen die Ehe heutzutage ausgesetzt ist, sollten Mann und Frau sich nicht „an dem HERRN versündigen" (von sich selbst ganz zu schweigen), indem sie nicht füreinander beten. Paul Tournier führt aus:

„Erst wenn zwei Ehegatten sich vor Gott sammeln, finden sie das Geheimnis einer wahren Harmonie; sie erleben nämlich, daß die Verschiedenheit ihrer Temperamente, ihrer Auffassungen, ihrer Neigungen ihr Zusammenleben bereichert, statt es zu gefährden. Es geht dann nicht mehr darum, daß einer dem andern seinen Willen aufdrängt oder daß der andere nachgibt um des lieben Friedens willen. Statt dessen werden sie gemeinsam den Willen Gottes suchen, der allein zusichert, daß ein jeder seine Persönlichkeit voll entfalten kann ... Wenn jeder der beiden Ehegatten in der Stille vor Gott seine eigenen Verfehlungen zu erkennen sucht, seine Sünde einsieht und den andern dafür um Vergebung bittet, so ist kein Eheproblem mehr da. Jeder lernt, die Sprache des anderen zu sprechen, dem anderen sozusagen auf halbem Wege entgegenzukommen. Man vermeidet jene kleinen, harten Worte, die gesagt werden, wenn man im Recht ist, aber eigentlich nur, um zu verletzen. Die Ehepartner entdecken vor allem das volle, gegenseitige Vertrauen neu, weil sie in der gemeinsamen Stille vor Gott wieder lernen, absolut offen und ehrlich voreinander zu sein ... Unter dieser Bedingung nur können sehr verschieden geartete Ehegatten ihre Gaben ergänzend verbinden, statt sie gegeneinander auszuspielen."[6]

Alle in diesem Buch enthaltenen Gedanken und Anregungen werden einem christlichen Ehepaar kaum etwas nützen, wenn die Ehepartner es versäumen, füreinander zu beten. Tatsächlich wird man viele unserer Gedanken und Anregungen – besonders die, bei denen es um Veränderungen im persönlichen Bereich geht – ohne Gebet unmöglich in die Tat umsetzen können. Denn es ist Gott, der eine Ehe verändert – und nicht Ratgeber oder Bücher!

Es gibt noch eine weitere Richtlinie, wie Sie dieses Buch auf Ihre Ehe anwenden können. Eine bessere Verständigung hängt von Veränderungen ab, Veränderungen bei beiden Partnern. Obwohl manche Veränderung vielleicht sehr lange Zeit braucht, ist sie dennoch durch Jesus Christus möglich. Wenn Sie behaupten, Sie seien mittlerweile in Ihrer Art so eingefahren, daß Sie sich nicht mehr ändern können, widersprechen Sie damit der frohmachenden Botschaft, daß Jesus Christus uns zu neuen Geschöpfen machen kann und will.

Das Maß unserer Veränderung hängt von dem Maß der Anstrengung ab, die wir darauf verwenden, uns tatsächlich zu verändern. Je tiefer wir das Wort Gottes in uns eindringen lassen, desto mehr werden wir uns ändern. Wir wissen dann, was wir zu tun haben, weil die Schrift ein Teil unseres Lebens wird und uns notwendige Änderungen vor Augen führt. Indem wir das Wort Gottes lesen und uns an seine Gebote halten, lernen wir, uns zu verständigen, die Selbstachtung unseres Partners zu erhöhen und einander zu lieben und zu verstehen. Von ganzem Herzen sollten wir Gott suchen und uns an seine Anweisungen halten. Wir müssen über seine Worte nachdenken und sie Eingang in unser Herz finden lassen. Das Wort Gottes wird uns davor bewahren, uns dadurch aneinander zu versündigen, daß wir es an gegenseitiger Verständigung fehlen lassen (siehe Psalm 119,9.11).

Für Dwight Small ist Kommunikation keine magische Kraft, und er warnt davor, sie zu idealisieren.

„... daß selbst ein Höchstmaß an Kommunikation eine Ehe nicht vollkommen machen kann, und aus diesem Grund sollte man Derartiges auch nicht erwarten. Gott ist vollkommen, das Ideal einer christlichen Ehe ist vollkommen, und die Möglichkeiten, die Gott christlichen Ehepaaren zur Verfügung stellt, sind vollkommen. Dennoch gibt es weder eine vollkommene Ehe noch eine vollkommene Kommunikation innerhalb der Ehe. Der Ruhm der Ehe besteht in der Übernahme der lebenslangen Aufgabe, innerhalb des Aufruhrs, der das menschliche Miteinander kennzeichnet, eine dauernde Annäherung aneinander zu vollbringen; dabei arbeitet man ständig an der Verbesserung der Kommunikationsfähigkeiten, die für diese Aufgabe erforderlich sind, und streckt sich nach der Kraft Gottes aus, die hinter allem steht."[7]

Man sollte ebenfalls nicht vergessen, daß es sich bei der Kommunikation um ein Mittel, nicht einen Zweck handelt. Der Zweck einer Ehe besteht nicht in der Kommunikation, sondern in der Liebe zu Gott und der Liebe zueinander – in dieser Reihenfolge.

„Wenn Verheiratete ausschließlich ihre Glückseligkeit im Auge haben, lassen sie es an der Vermittlung der größtmöglichen Liebe fehlen. Sie machen sich in der Tat gegenseitig zu Götzen und ziehen aus dem Besitz und der Verehrung ihres Götzen große Befriedigung. Diese Hingabe entfremdet sie von Gott und der christlichen Liebeserfahrung, da sie sich gegenseitig teurer sind als alles andere. Die höchste Form der Liebe dagegen befreit zwei Menschen von der Abgötterei, indem sie sie davor bewahrt, sich gegenseitig zu beherrschen und zu besitzen und als Liebespfand die äußerste Hingabe zu fordern. Einzig und allein Gott ist der äußersten Hingabe wert. Das heißt, ein Ehepaar darf nicht für sich leben, sondern muß erkennen, daß die Liebe ihren Ursprung in Gott hat Als einander liebende Menschen sind Ehepartner Mittler der Liebe Gottes, deren gegenseitige Liebe einem höheren Ziel dient."[8]

Heutzutage weiß jedermann, daß man eine Ehe ohne Liebe führen kann. Einige Menschen befürworten Liebe ohne Ehe. Doch keine dieser beiden Möglichkeiten kann einen Christen so recht glücklich stimmen. Von selbst entwickelt sich die Liebe in der Ehe nicht, doch wenn zwei Menschen an guter Verständigung arbeiten, reift auch die Liebe in der Ehe. (Siehe Anhang, *Wie wollen Sie vorgehen? 10*).

Anhang

Kapitel 1

Ihre Meinung ist gefragt 1

Die Ehedefinitionen in Kapitel 1 sind zynisch, zumindest aber satirisch angehaucht. Wie lautet *Ihre* Definition der Ehe? Schreiben Sie sie bitte nieder.

Ihre Meinung ist gefragt 2

Schätzen Sie sich selbst in bezug auf folgende Aussagen ein, indem Sie die entsprechende Zahl ankreuzen (1 – nicht zutreffend, 2 – wenig zutreffend, 3 – möglicherweise, 4 – wahrscheinlich, 5 – zutreffend).

Die Ehe ist ein notwendiges Übel.
1 2 3 4 5

Für Ehepartner ist es normal – ja erstrebenswert –, im Leben entgegengesetzte Wege einzuschlagen.
1 2 3 4 5

Die meisten Ehen enthalten ungeschriebene Vorbehaltsklauseln, die den Ehepartnern zwar bekannt sind, über die aber niemals gesprochen wird.
1 2 3 4 5

Es wäre von Vorteil für Sie, eine Rücktrittsklausel im Ehevertrag zu haben, da für ein Scheitern der Ehe wahrscheinlich Ihr Partner verantwortlich wäre.
1 2 3 4 5

Bei der Ehe handelt es sich um eine vorbehaltlose Verpflichtung, die den ganzen Menschen für das ganze Leben betrifft.
1 2 3 4 5

Ihre Meinung ist gefragt 3

Welche Definition der christlichen Ehe aus Kapitel 1 gefällt Ihnen am besten? Kreisen Sie den Namen des entsprechenden Autors ein:
Oates Augsburger Small Trueblood Hubbard

Welche Vorstellung des Autors mit der Ihrer Meinung nach besten Definition sagt Ihnen am meisten zu?

Welche Definition der christlichen Ehe aus Kapitel 1 gefällt Ihnen am wenigsten?
Oates Augsburger Small Trueblood Hubbard

Was stört Sie am meisten an dieser Definition?

Versuchen Sie, mit Hilfe der fünf Ehedefinitionen und Ihrer eigenen Vorstellungen den Begriff „christliche Ehe“ für sich neu zu definieren.

Wie wollen Sie vorgehen? 1

Teil 1

Denken Sie an die Zeit vor Ihrer Ehe zurück:

Wie haben Sie sich die Ehe damals vorgestellt? Haben sich Ihre Erwartungen erfüllt?

Hatten Sie und Ihr Ehepartner verschiedene Erwartungen an die Ehe? Wie haben Sie die Unterschiede herausgefunden? Haben Sie offen darüber geredet?

Ich erwartete, daß die Ehe meinen Lebensstil folgendermaßen veränderte ...

Ich glaube, mein Partner erwartete von mir ...

Teil 2

Welches Wort würden Sie einsetzen, wenn Sie Ihre Ehe zu diesem Zeitpunkt mit nur einem Wort umschreiben sollten?

Welches Wort würde Ihrer Meinung nach Ihr Ehepartner gebrauchen?

Welchen Vorteil ziehen Sie aus der ehelichen Beziehung, der Ihnen als Lediger nicht zugute gekommen wäre? Antworten Sie genau.

Worin besteht die Stärke Ihres Ehepartners? Haben Sie ihm oder ihr jemals gesagt, daß Sie um diese Dinge wissen und sie schätzen?

Welche Handlungen Ihres Partners vermitteln Ihnen das Gefühl, geliebt und wertgeschätzt zu werden?

Was tun Sie, um Ihrem Partner Ihre Liebe und Anerkennung auszudrücken?

Worin bestehen die starken Seiten Ihrer Ehe? Wer trägt am meisten dazu bei, Sie oder Ihr Ehepartner?

Wo sehen Sie Ihrer Meinung nach den schwächsten Punkt in Ihrer Ehe? In welcher Weise sind Sie dafür verantwortlich?

Welche Anstrengungen unternehmen Sie zur Zeit, Ihre Ehe glücklich zu gestalten?

Welche Anstrengungen unternimmt Ihr Ehepartner?

Welche Ziele für Ihre Ehe haben Sie jetzt vor Augen?

Was wollen Sie tun, um diese Ziele zu erreichen? Was können Sie anders machen, um sie zu erreichen? Bitte ziehen Sie folgende Erwägungen in Betracht:

- ▷ Ich will mehr Interesse für die Aktivitäten meines Ehepartners zeigen, indem ich ihn darüber befrage.
- ▷ Ich will mehr Zeit damit verbringen, über die positiven Seiten meiner Ehe nachzudenken, und versuchen, meinem Ehepartner das zu sein, was er sich wünscht und braucht.
- ▷ Ich will, besonders zusammen mit meinem Ehepartner, für meine Familie beten.
- ▷ Allen Groll, den ich gegen die Mitglieder meiner Familie – besonders aber gegen meinen Ehepartner – hege, lege ich jetzt ab und vergebe ihnen ihre Schuld.

Als weitere Ziele stecke ich mir ...

Kapitel 2

Ihre Meinung ist gefragt 4

Aus den ersten Abschnitten des zweiten Kapitels geht hervor, daß es in manchen Familien an Führung durch den Mann mangelt, weil er von seiner Karriere und dem Geldverdienen ganz in Anspruch genommen wird und seine eigentlichen Verantwortungsbereiche vernachlässigt. Stimmen Sie dieser Ansicht aufgrund eigener Erfahrungen und Beobachtungen zu?

Notieren Sie die Verantwortungsbereiche, die Ehemänner Ihrer Meinung nach aufgrund ihres Karrieredenkens am ehesten vernachlässigen.

Ihre Meinung ist gefragt 5

Es ist Gottes Wille, daß eine Frau, wenn sie heiratet, augenblicklich alles aufgibt, um nur noch für ihren Ehemann dazusein.
a) stimmt absolut
b) stimmt möglicherweise
c) stimmt absolut nicht
d) stimmt nicht ganz

Es ist in Ordnung, wenn eine gehorsame Frau ihrem Mann Anweisungen und Ratschläge erteilt.
a) stimmt absolut
b) stimmt möglicherweise
c) stimmt absolut nicht
d) stimmt nicht ganz

Eine Frau hat das Recht, ihrem Mann nicht zu gehorchen, wenn sie der Meinung ist, er mache ihr Vorschriften.
a) stimmt absolut
b) stimmt möglicherweise
c) stimmt absolut nicht
d) stimmt nicht ganz

Da der Frau in der Ehe eine untergeordnete Stellung zufällt, steht sie nicht auf derselben Ebene wie der Mann.
a) stimmt absolut
b) stimmt möglicherweise
c) stimmt absolut nicht
d) stimmt nicht ganz

Die Frau gilt als diejenige, die kocht, wäscht und die Kinder erzieht und die gleichzeitig die „Gehilfin" ihres Mannes ist.
a) stimmt absolut

b) stimmt möglicherweise
c) stimmt absolut nicht
d) stimmt nicht ganz

Nehmen Sie sich nun ein Blatt Papier, und schreiben Sie diese fünf Aussagen so nieder, wie Sie Ihrer Meinung nach lauten sollten.

Ihre Meinung ist gefragt 6

Die Bibel lehrt, daß der Mann das Haupt der Familie ist. Deshalb sollte die Frau ihm untertan sein und in allem gehorchen, auch wenn er nicht gläubig ist.
a) stimmt absolut
b) stimmt möglicherweise
c) stimmt absolut nicht
d) stimmt nicht ganz

Da der Mann das Haupt der Familie ist und seine Leitung diejenige Christi zum Vorbild hat, sollte der Mann der Frau gegenüber der Tonangebende sein.
a) stimmt absolut
b) stimmt möglicherweise
c) stimmt absolut nicht
d) stimmt nicht ganz

Es ist richtig, daß der Ehemann von seiner Frau Gehorsam oder Achtung seiner Autorität verlangen kann.
a) stimmt absolut
b) stimmt möglicherweise
c) stimmt absolut nicht
d) stimmt nicht ganz

Es liegt beim Mann, eine endgültige Entscheidung zu fällen, wenn seine Frau und er sich bei einer anstehenden Entscheidung nicht einigen können.
a) stimmt absolut

b) stimmt möglicherweise
c) stimmt absolut nicht
d) stimmt nicht ganz

Nehmen Sie sich nun ein Blatt Papier, und schreiben Sie diese vier Aussagen so nieder, wie Sie Ihrer Meinung nach lauten sollten.

Wie wollen Sie vorgehen? 2

Nehmen Sie sich diese Woche Zeit, mehrmals Epheser 5,22-33 zu lesen. Beschäftigen Sie sich danach mit folgenden Aufgaben:

Führen Sie die Anweisungen auf, die sich an die Frau richten. Beschreiben Sie ausführlich, was diese Anweisungen für Sie persönlich bedeuten.

Führen Sie die Anweisungen auf, die sich an den Mann richten. Beschreiben Sie ausführlich, was diese Anweisungen für Sie persönlich bedeuten.

Was sind Ihrer Meinung nach die Folgen, wenn ein Ehepartner sich nicht an diese Anweisungen hält? Bitte geben Sie eine genaue Antwort.

Passen die in Epheser 5,22-33 gegebenen Richtlinien zu der Haltung, die Ehepaare in der heutigen Zeit an den Tag legen, oder nicht?

Wie sollten Sie Ihrer Meinung nach Ihren Lebensstil verändern, um den Anforderungen in Epheser 5,22-33 gerecht zu werden? Bitte machen Sie sich die Mühe, die Veränderungen ausführlich zu beschreiben.
Ein Ehemann sagt beispielsweise:

▷ Ich kann meiner Frau meine Liebe zeigen, indem ich mir mit ihr zusammen einen Traumurlaub ausdenke.

- ▷ Ich kann beim nächsten Autokauf mehr Rücksicht auf ihre Gefühle und Meinungen nehmen.
- ▷ Ich kann mich häufiger hinsetzen und mich mit meiner Frau über Dinge unterhalten, die sie interessieren.
- ▷ Ich kann ihr sagen, daß ich sie liebe.
- ▷ Ich ... (Fügen Sie an dieser Stelle die Dinge ein, die Sie persönlich sagen oder verändern wollen.)

Eine Ehefrau sagt beispielsweise:

- ▷ Ich kann versuchen, die Bedürfnisse meines Mannes in Erfahrung zu bringen und sie nach Möglichkeit zu stillen.
- ▷ Ich kann auf meinen Tonfall achten, wenn er später als erwartet von der Arbeit kommt und vergessen hat, mich deswegen anzurufen.
- ▷ Ich kann ihm in den Bereichen, wo ihm das Selbstvertrauen fehlt, mehr Mut machen.
- ▷ Ich ... (Fügen Sie an dieser Stelle die Dinge ein, die Sie persönlich sagen oder verändern wollen.)

Kapitel 3

Ihre Meinung ist gefragt 7

Wie fühlen Sie sich in bezug auf die Person, die in ihrer Familie die Entscheidungen fällt? Bitte unterstreichen Sie die Aussagen, die auf Sie zutreffen.

- ▷ Ich bin mit dem zufrieden, der die Entscheidungen fällt.
- ▷ Ich selbst treffe nicht gern Entscheidungen.
- ▷ Ich finde, daß ich zu viele Entscheidungen treffe.
- ▷ Ich finde, daß ich nicht genug Entscheidungen treffe.

▷ Nur ungern überlasse ich andern die Entscheidungen, die ich momentan treffe.
▷ Entscheidungen? Was für Entscheidungen?

Ihre Meinung ist gefragt 8

(Nur für Frauen)
In 1. Petrus 3,1-6 werden verschiedene Hinweise dazu gegeben, wie eine Frau ihrer Rolle in der Ehe gerecht werden kann. Vervollständigen Sie die folgenden Sätze, indem Sie den Inhalt des Textes auf sich selbst beziehen:
▷ Ich ordne mich meinem Mann unter, wenn ich ...
▷ Ich achte meinen Mann, wenn ich ...
▷ Meine Gesinnung ist sanft und still, wenn ich ...

Es folgen vier der Wörter, die Petrus an die Frauen richtet. Welche davon sagen etwas darüber aus, wie in Ihrer Ehe Entscheidungen gefällt werden? Warum?
Unterordnen
Achten
Sanft
Still

Bedeuten diese Wörter, die Petrus gebraucht, daß Ihr Mann immer derjenige ist, der in Ihrer Familie die Entscheidungen trifft? Warum? Warum nicht?

Unterstreichen Sie, was auf Sie persönlich zutrifft:
▷ Ich höre gern auf meinen Mann.
immer manchmal selten nie
▷ Ich wünsche, mein Mann würde mehr auf meine Vorstellungen eingehen.
immer manchmal selten nie
▷ Ich verstehe es wirklich sehr gut, die Kinder zu erziehen.
immer manchmal selten nie

- ▷ Ich finde es wichtig, meinen Mann spüren zu lassen, daß er die Führung hat, auch wenn ich den größten Teil der Organisation bewältige.
  immer manchmal selten nie
- ▷ Auch von einer modernen Frau sollte man erwarten, daß sie ihrem Mann gehorcht.
  immer manchmal selten nie
- ▷ Ich bin froh, daß mein Mann bei uns die Führung hat. Dadurch fühle ich mich geborgen.
  immer manchmal selten nie
- ▷ Ich wünsche, mein Mann würde mir in finanziellen Dingen mehr zur Hand gehen.
  immer manchmal selten nie

Ihre Meinung ist gefragt 9

(Nur für Männer)
In 1. Petrus 3,7 werden verschiedene Hinweise gegeben, wie ein Mann seiner Rolle in der Ehe gerecht werden kann. Vervollständigen Sie die folgenden Sätze, indem Sie den Inhalt des Verses auf sich selbst beziehen:

- ▷ Ich zeige Rücksicht und Verständnis für meine Frau, indem ich ...
- ▷ Ich achte und beschütze sie, indem ich ...
- ▷ Ich behandle meine Frau als geistlich gleichgestellt, indem ich ...

Es folgen drei Schlüsselwörter, die Petrus an die Männer richtet. Was sagen sie darüber aus, wie in Ihrer Ehe Entscheidungen getroffen werden?
Verständnis haben
Beschützer sein
Wissen, daß Gott gleichermaßen Mann und Frau liebt

Wenn Sie ein verständnisvoller Beschützer sind, der um die ungeteilte Liebe Gottes weiß, heißt das, daß Sie in Ihrer Familie alle Entscheidungen treffen sollen? Warum? Warum nicht?

Unterstreichen Sie, was auf Sie persönlich zutrifft.

▷ Ich höre gern auf meine Frau.
immer manchmal selten nie

▷ Meine Frau hat seltsame Vorstellungen.
immer manchmal selten nie

▷ Ich wünsche, meine Frau würde mehr auf mich hören und auf meine Vorstellungen eingehen.
immer manchmal selten nie

▷ Ich habe Angst davor, daß meine Rolle als „Zuchtmeister" mich bei den Kindern zum „Buhmann" abstempelt.
immer manchmal selten nie

▷ Ich spreche darüber, wer bei uns zu Hause das Sagen hat.
immer manchmal selten nie

▷ Die Aufgaben im Haus lassen sich eindeutig in männliche und weibliche einteilen.
immer manchmal selten nie

Wie wollen Sie vorgehen? 3

Nehmen Sie sich diese Woche Zeit, mehrmals 1. Petrus 3,1-9 zu lesen, und notieren Sie dabei Wörter oder Ausdrücke, die Ihnen wichtig erscheinen. Beschäftigen Sie sich daraufhin mit den folgenden Fragen:

Beschreiben Sie das Verhalten oder die Meinung, das/die Sie verändern möchten (z.B. immer das letzte Wort haben wollen, alle oder fast alle wichtigen Entscheidungen treffen wollen, das Gefühl, daß Ihr Weg der beste ist ...).

Führen Sie mehrere Gründe an, warum es für Sie wichtig ist, diese Dinge abzulegen. Was bedeutet es für Sie, wenn Sie sich in diesen Bereichen verändern?

Ein wichtiger Faktor für die Veränderung ist Motivation. Wählen Sie aus den zur vorigen Frage niedergelegten Gründen den *wichtigsten* aus, und schreiben Sie ihn auf.

Machen Sie sich Gedanken darüber, *wie* Sie Ihr Verhalten ändern können, damit die Veränderung Erfolg hat. Schreiben Sie diese Gedanken nieder.

Wie haben Sie früher über eine Veränderung in diesem Bereich gedacht? Wie wollen Sie Ihre neue Haltung festigen? Schreiben Sie auch diese Antwort nieder.

Oft kommt es vor, daß das Ablegen einer Angewohnheit oder einer Meinung Leere erzeugt. Da den meisten Menschen schlechte Eigenschaften lieber sind als diese Leere, kommt es schnell zu Rückfällen in das alte Verhalten. Damit das bei Ihnen *nicht* geschieht, überlegen Sie sich, welches *positive Verhaltensmuster* Sie an die Stelle des negativen setzen wollen. Beschreiben Sie dieses positive Verhaltensmuster.

Suchen Sie Bibelstellen heraus, die Ihnen dabei und auch bei Ihrem Entschluß, sich zu verändern, helfen können. Lesen Sie auch Epheser 4,31.32. Sie können jedes Wort, jeden Satz oder jeden Gedanken für sich annehmen, der Ihnen Mut macht oder Ihnen in besonderer Weise Wegweisung gibt. Zu Ihrer Ermutigung schlagen wir vor, ebenfalls Philipper 4,13.19 zu lesen.

Kapitel 4

Ihre Meinung ist gefragt 10

Ich definiere Kommunikation so: ...

Ihre Meinung ist gefragt 11

Die folgenden drei Fragen sollen Ihnen dabei helfen, über Ihre Rolle als sich Mitteilender nachzudenken:

Fällt es Ihnen schwer, sich mit Ihrem Ehepartner auszutauschen?
oft manchmal so gut wie nie

Hat Ihr Partner Schwierigkeiten, Sie richtig zu verstehen?
oft manchmal so gut wie nie

Wie schätzt Ihr Partner Ihrer Meinung nach Ihre Kommunikationsfähigkeit ein?
großartig mäßig unmöglich

Ihre Meinung ist gefragt 12

Was für ein Zuhörer sind Sie Ihrer Meinung nach?

Fällt es Ihnen schwer, nicht an andere Dinge zu denken, wenn Ihr Partner Ihnen etwas erzählt?
ja nein manchmal

Gehen Sie in der Diskussion mit Ihrem Partner über die ausgesprochenen Tatsachen hinaus? Versuchen Sie zu erahnen, was er oder sie in bezug auf die Angelegenheit empfindet?
ja nein manchmal

Nehmen gewisse Ausdrucksweisen Ihres Partners Sie

so gegen ihn oder sie ein, daß Sie dem Gespräch nicht mehr objektiv folgen können?
ja nein manchmal

Versuchen Sie, die Angelegenheit so schnell wie möglich zu klären, wenn Dinge, die Ihr Partner sagt, Sie verwirren oder verärgern?
ja nein manchmal

Weichen Sie Unannehmlichkeiten aus und wollen nichts davon hören, wenn Sie der Meinung sind, daß es zu lange dauert und zu große Mühen erfordert, etwas zu verstehen?
ja nein manchmal

Versuchen Sie, Ihren Partner glauben zu machen, daß Sie ihm oder ihr aufmerksam zuhören, auch wenn Sie das in Wirklichkeit nicht tun?
ja nein manchmal

Lassen Sie sich leicht durch Eindrücke und Geräusche von außen (z.B. Fernsehen) vom Zuhören ablenken?
ja nein manchmal

Sehen Sie sich Ihre Antworten noch einmal an. Geben sie Ihnen Anhaltspunkte, wo Sie Ihre Einstellung zum Zuhören verbessern müssen?

Wie wollen Sie vorgehen? 4

Kreisen Sie den Ausdruck ein, der Ihrer Meinung nach die Kommunikation in Ihrer Ehe am besten beschreibt.
a) nicht verbesserungsbedürftig
b) sehr gut
c) zufriedenstellend
d) unbeständig
e) oberflächlich

f) enttäuschend
g) unzulänglich
Unterstreichen Sie nun den Ausdruck, für den sich Ihrer Meinung nach Ihr Partner entscheiden würde.

Zählen Sie drei Dinge auf, die *Sie* tun können, um die Kommunikation zwischen Ihnen und Ihrem Partner zu verbessern. „Ich will unsere Verständigung verbessern, indem ich:
a) ...
b) ...
c) ...
Mit diesen drei Dingen möchte ich
am (Datum) .... um (Uhrzeit) ....
beginnen."

Vereinbaren Sie einen „Termin" mit Ihrem Partner, an dem Sie sich (vielleicht bei einer Tasse Kaffee) zusammensetzen und gemeinsam planen, wie Sie die Kommunikation untereinander verbessern können.
(Datum) .... (Uhrzeit) ....
Vergessen Sie bei Ihrer gemeinsamen Planung auf keinen Fall folgende vier Punkte:

a) Reden Sie über Ihre jeweiligen Antworten zu Frage 1 über das Wesen der Kommunikation in Ihrer Ehe.
b) Tauschen Sie ebenfalls Ihre Antworten zur zweiten Frage aus. Fragen Sie Ihren Partner, ob er meint, daß Ihr Vorschlag die Kommunikation tatsächlich verbessert. Ist er nicht dieser Meinung, arbeiten Sie neue Vorschläge aus, die Ihre gemeinsame Zustimmung finden.
c) Versuchen Sie, Ihre Pläne, die Verständigung zu verbessern, in die Tat umzusetzen, und halten Sie mindestens eine Woche durch.
d) Legen Sie für die kommende Woche einen Termin fest, sich wieder zusammenzusetzen und den Erfolg

Ihres Vorhabens auszuwerten. Falls nötig, überdenken Sie Ihren Plan, und wiederholen Sie das Verfahren, bis Sie beide spüren, daß die Kommunikation zwischen Ihnen sich deutlich verbessert.

Kapitel 5

Ihre Meinung ist gefragt 13

Aus welchen Gründen treten Sie mit anderen Menschen nicht in Verbindung?

- ▷ Ich kann nicht mit anderen reden.
- ▷ Ich habe Angst, meine Gedanken preiszugeben.
- ▷ Das bringt sowieso nichts.
- ▷ Meine Vorstellungen sind ja doch wertlos.

Aus welchen Gründen tritt Ihr Partner mit anderen Menschen nicht in Verbindung?

- ▷ Er kann nicht mit anderen reden.
- ▷ Er hat Angst, seine Gedanken preiszugeben.
- ▷ Er glaubt, das bringe sowieso nichts.
- ▷ Er glaubt, seine Vorstellungen seien wertlos.

Vielleicht haben Sie noch einen anderen Grund, weshalb Sie nicht kommunizieren wollen. Beschreiben Sie diesen in höchstens zehn Worten.

Ihre Meinung ist gefragt 14

Schreiben Sie die Themen auf, über die Sie mit Ihrem Ehepartner auf Stufe eins der Kommunikationsskala, der aufrichtigen Kommunikation aller Gefühle und persönlichen Belange, reden.

Schreiben Sie nun Themen auf, über die Sie auf Stufe eins nicht sprechen.

Was hindert Sie daran, bestimmte Bereiche auf Stufe eins anzusprechen?

Wie können Sie diese Situation verändern? Schreiben Sie auf, wie Sie Ihrem Partner helfen können, sich Ihnen offener mitzuteilen.

Ihre Meinung ist gefragt 15

Prüfen Sie anhand der folgenden Fragen, inwieweit Sie Gott und seine Wege für sich annehmen und wie er Ihrer Meinung nach über Sie denkt. Wählen Sie die Antworten aus, die Ihre wahren Gefühle widerspiegeln, und nicht die, die sich „richtig" anhören.

Für mich ist Gott
- ▷ eine entfernte Macht
- ▷ ein Freund
- ▷ ein Aufpasser
- ▷ ein ...

Wenn ich bete, fühle ich mich
- ▷ entspannt und Gott nahe
- ▷ gezwungen und unsicher
- ▷ geängstigt, daß Gott keinen Gefallen an mir hat
- ▷ ...

Als Christ
- ▷ versuche ich, mich zu bessern, um Gottes Liebe zu verdienen
- ▷ meine ich, daß Gott mich, so wie ich handle, nicht lieben kann
- ▷ fühle ich mich glücklich, weil ich zur Familie Gottes gehöre
- ▷ ...

Beschreiben Sie in höchstens 25 Worten, wie ein liebenswerter Mensch aussieht. Wie würde Gott einen liebenswerten Menschen definieren? Wie einen nicht liebenswerten?

Wie wollen Sie vorgehen? 5

Entscheiden Sie sich für drei der folgenden Konzepte, und probieren Sie diese in der kommenden Woche aus.

Überlegen Sie, ob es in der Beziehung zu Ihrem Partner Bereiche gibt, in denen Sie die Bereitschaft aufbringen sollten, Ihre Gefühle auszudrücken (Kommunikation auf Stufe zwei). Nehmen Sie sich eine Sache vor, über die Sie mit Ihrem Partner reden wollen, um ihm Ihre aufrichtigen Gefühle zu vermitteln. Wählen Sie dazu einen günstigen Zeitpunkt aus, und sagen Sie ihm aufrichtig, daß Sie etwas Wichtiges mitzuteilen haben, weil Sie meinen, sie würden sich danach besser verstehen.

Überlegen Sie, ob es in Ihrer Beziehung zu Gott Bereiche gibt, in denen Sie die Bereitschaft aufbringen sollten, Ihre Gefühle auszudrücken (er kennt sie sowieso!). Nehmen Sie sich diese Woche Zeit, Gott zu sagen, was Sie in bezug auf sich selbst empfinden und was Sie für ihn empfinden.

Sprechen Sie mit Ihrem Partner darüber, was er von Gott hält. Wenn Ihre Meinungen nicht übereinstimmen, heißt das, daß Gott den einen mehr liebt als den anderen? Hilft die Tatsache, daß Gott Sie so annimmt, „wie Sie sind“, Ihnen dabei, Ihren Ehepartner so anzunehmen, wie er oder sie ist? Fühlen Sie sich bei dem Gedanken wohl, daß Ihr Partner über manche Dinge anders denkt als Sie?

Schreiben Sie Gott einen Brief, in dem Sie beschreiben, was Sie über die Annahme durch ihn denken. Anregungen zu diesem Brief finden Sie in Psalm 103.

Schreiben Sie auf, in welcher Hinsicht Sie sich vor einer Aussprache mit Ihrem Partner schützen oder wie Sie einer Verständigung aus dem Weg gehen. Ihre Aufzählung kann Dinge enthalten wie: bei den Mahlzeiten lesen; bügeln oder andere Arbeiten, die mir ein gewisses Maß an Ruhe bieten; lieber fernsehen als das Gespräch fortsetzen; ein Bad nehmen, so daß mein Partner schläft, ehe ich ins Bett komme usw. Fällen Sie am Ende der Woche die Entscheidung, welche Hindernisse Sie „niederreißen" wollen.

Legen Sie einen Zeitpunkt fest, an dem Sie mit Ihrem Mann oder Ihrer Frau in entspannter Atmosphäre allein sein können. (Die Kinder sollten schon im Bett sein oder sich in der Obhut eines Babysitters befinden.) Sie sollten es dabei nicht eilig haben, sondern die Zeit genießen. Vielleicht gehen Sie spazieren, lesen sich gegenseitig aus einem Buch vor, knabbern etwas oder unterhalten sich über Zukunftspläne und -erwartungen.

Entscheiden Sie sich über einen Punkt, bei dem Sie wirklich beginnen möchten, mit Ihrem Ehepartner auf „Stufe eins" zu kommunizieren. Lassen Sie sich durch den Kopf gehen, was es bedeutet, absolute gefühlsmäßige Aufrichtigkeit über einen bestimmten Bereich Ihrer Beziehung einzubringen. Reicht es aus, nur zu reden? Was müssen Sie sonst noch unternehmen, um Ihren Mann oder Ihre Frau auf Ihre Offenheit vorzubereiten? Können Sie mit Hilfe bestimmter Dinge glaubhaft machen, daß Ihre Offenheit von Bedeutung ist und angenommen wird?

Kapitel 6

Ihre Meinung ist gefragt 16

Wie definieren Sie Ärger? Sind Sie mit der in Kapitel 6 gegebenen Definition einverstanden? Warum? Warum nicht?

Ihre Meinung ist gefragt 17

Beschreiben Sie unter Zuhilfenahme der im Text angeführten Bibelstellen den Zorn, der sich bei Ihnen gewöhnlich einstellt. Wie machen Sie diesem Zorn Luft?

Beschreiben Sie den Zorn, der sich normalerweise bei Ihrem Ehepartner einstellt. Wie macht Ihr Ehepartner seinem Ärger gewöhnlich Luft?

Was kann man machen, um „langsam zum Zorn" zu werden?

Beschreiben Sie, wie man zürnen kann, ohne dabei zu sündigen.

Ihre Meinung ist gefragt 18

Wie gehen Sie normalerweise mit Ihrem Zorn um?
zurückhalten bekunden verdrängen eingestehen

Können Sie John Powell zustimmen, wenn er sagt: „Wenn ich meine Empfindungen verdränge, schlägt mir das auf den Magen"? Wie wirkt sich verdrängter Zorn sonst noch bei Ihnen aus? Werden Sie reizbar, kritiksüchtig, überempfindlich? Sind Sie sich eventuell der Tatsache bewußt, daß Sie Ihren Zorn manchmal verdrängen und nicht zugeben wollen, daß Sie wütend sind?

Stellt das Eingestehen des Zorns eine echte Alternative für Sie dar? Das heißt, würde es Ihnen leichtfallen bzw. könnten Sie damit einfach anfangen? Was würden Ihre Mitmenschen zu Ihrer Aufrichtigkeit sagen, wenn Sie erführen, wann Sie wütend auf sie reagieren?
Mein Ehepartner würde sagen: ...
Meine Freunde würden sagen: ...
Mein Chef würde sagen: ...

Wie wollen Sie vorgehen? 6

Finden Sie anhand des folgenden Fragenkatalogs Ihre Einstellung zum Zorn heraus – was der Zorn bei Ihnen bewirkt und was Sie anderen antun, wenn Sie wütend sind. Beantworten Sie die Fragen mit „ja" oder „nein". Wenn eine ausführlichere Antwort nötig ist, beschränken Sie sich dabei auf das Notwendigste.

Sind Sie manchmal wütend?
Haben Sie Ihren Zorn unter Kontrolle?
Bemerken andere, daß Sie wütend sind?
Beschreiben Sie, was Sie empfinden, wenn Sie zornig sind.
Steigt der Zorn plötzlich in Ihnen auf?
Empfinden Sie für bestimmte Dinge eine gefühlsmäßige Abneigung?
Wirkt der Zorn sich körperlich auf Sie aus?
Haben Sie jemals jemanden oder etwas dabei geschlagen?
Wenn ja, wann ist das (zuletzt) geschehen?
Wie bekämpfen Sie Ihren Zorn?
Von wem haben Sie das gelernt?
Fürchten andere Ihren Zorn?
Fürchten andere Ihre Kritik?
Warum werden Sie zornig oder üben Kritik?

Wie oft werden Sie wütend?
Womit sind Sie in Ihrem Leben nicht zufrieden?
Ärgern Sie sich über Menschen oder über Dinge?
Was unternehmen Sie in bezug auf Ihren Zorn?
Wie gehen Sie mit Zorn um, der sich gegen Sie selbst richtet?
Verdrängen Sie Ihren Zorn?
Halten Sie ihn zurück?
Lassen Sie ihn heraus, oder gestehen Sie ihn ein?
Kennen Sie Bibelstellen, die Ihnen helfen können?
Lernen Sie regelmäßig Bibelverse auswendig?
Bringen Sie Ihre Gefühle beim Beten offen und ehrlich vor?
Erwarten Sie wirklich, daß Gott Ihnen dabei hilft, Ihre Gefühle zu verändern?
Wollen Sie sich überhaupt verändern?

Wenn Sie mit der Art und Weise, wie Sie mit Ihrem Zorn umgehen, nicht zufrieden sind, können Sie jetzt aufschreiben, was Sie unternehmen wollen, um Ihre Einstellung und Ihr Verhalten zu verändern. Sehen Sie sich dazu Kapitel 6 noch einmal an, und schreiben Sie die Dinge im einzelnen auf.

Kapitel 7

Ihre Meinung ist gefragt 19

Führen Sie auf, was Sie bei anderen gern kritisieren.

Was können Sie daraus über sich selbst ablesen?

Wie lassen sich diese Einstellungen/Eigenschaften zu der Frucht des Heiligen Geistes (Galater 5,22.23) in Beziehung setzen?

Danken Sie Gott für seine Vergebung, und bitten Sie ihn, Ihnen den kritiksüchtigen Sinn zu nehmen und die Frucht des Heiligen Geistes zu schenken (vgl. Römer 14,13).

Ihre Meinung ist gefragt 20

Sie diskutieren mit Ihrem Ehepartner. Ihre Meinungen gehen in verschiedenen Punkten weit auseinander. Schon bald werden die Stimmen lauter, und die Gefühle geraten in Aufruhr. Allmählich erregen Sie sich über das, was da vorgeht, und über Ihren Gesprächspartner. Was sollten Sie tun, wenn Sie diesen Punkt erreicht haben?
Beschreiben Sie, wie Sie die obige Situation auf *schädliche* Weise angehen können.
Denken Sie sich nun ein Gespräch zwischen zwei Leuten aus, die *heilsam* auf die Situation reagieren:
Er: ...
Sie: ...
Er: ...
Sie: ...

Wie wollen Sie vorgehen? 7

Beschreiben Sie das Verhalten oder den Standpunkt, das/den Sie verändern möchten (z.B. Zorn, Angst, Streit, Schreien).

Führen Sie mehrere sehr persönliche Gründe an, warum Sie dieses Verhalten ablegen oder diesen Standpunkt aufgeben wollen.

Es ist überaus wichtig, daß eine anstehende Veränderung motiviert ist. Wählen Sie aus den Gründen, die Sie zum vorigen Punkt angeführt haben, den wichtigsten aus, und schreiben Sie ihn nieder.

Denken Sie über eine Verhaltensänderung nach, die voraussichtlich auch Erfolg hat. Schreiben Sie Ihre Überlegungen auf.

Wie standen Sie früher möglichen Veränderungen gegenüber? Bitte erläutern Sie Ihren damaligen Standpunkt. Deuten Sie an, welchen Standpunkt Sie jetzt einnehmen werden. Wie werden Sie diese neue Haltung festigen? Schreiben Sie Ihre Antwort nieder.

Wenn man ein störendes Verhalten ablegt oder einen falschen Standpunkt aufgibt, bleibt oft ein Gefühl der Leere zurück. Da falsches Verhalten leichter zu ertragen ist als diese Leere, kehrt man schnell wieder zu dem alten Muster zurück. Damit Ihnen nichts Derartiges passiert, ist es sinnvoll, an die Stelle des negativen ein positives Verhalten zu setzen. Denken Sie darüber nach, womit Sie das Verhalten oder den Standpunkt, das/den Sie aufgeben, ersetzen wollen.

Lesen Sie Epheser 4,31.32. Zählen Sie die positiven Verhaltensweisen und Standpunkte auf, die der Text als Ersatz für negative nahelegt. Schreiben Sie nieder, wie Sie diese Bibelstelle für Ihr Leben in die Tat umsetzen können. Denken Sie an konkrete Situationen, und beschreiben Sie, wie Sie sich entsprechend der biblischen Anweisung darin verhalten wollen. Wie könnte sich das neue Verhalten/der neue Standpunkt auswirken?

Beispiel
Epheser 4,31.32

Negatives Verhalten oder Standpunkt, das/der sich ändern soll	*Auswirkungen dieses Verhaltens (Bitte jeweils mehrere Beispiele anführen.)*
Bitterkeit (Abneigung, Härte) Wut (Ärger, Gefühlsausbrüche) Zorn (Empörung, heftiger Unwille, überkochen) Geschrei (laute Auseinander-setzungen) Lästerung (Schimpfworte)	

Positives Verhalten oder Standpunkt, das/der sich einstellen soll.	*Was würde sich bei Einhalten dieser Gebote ereignen? (Bitte jeweils mehrere Beispiele.)*
Freundlichkeit (Herzensgüte) Weichherzigkeit (Mitleid) Vergebung (praktisches Handeln)	

Schreiben Sie nun auf, wie Sie die Dinge, die in der Bibelstelle genannt werden, praktisch in die Tat umsetzen wollen.
Schreiben Sie auf, wann und wie Sie damit anfangen wollen, und denken Sie auch an mögliche Folgen. Bitte antworten Sie ausführlich und präzise.

Kapitel 8

Ihre Meinung ist gefragt 21

Denken Sie an die vergangene Woche zurück. Waren Sie in dieser Zeit ängstlich oder besorgt?

Haben Sie bemerkt, daß Ihr Partner sich Sorgen gemach that?

Wenn Sie sich in der vergangenen Woche Sorgen gemacht haben: worüber waren Sie im einzelnen besorgt? Wissen Sie, worüber Ihr Partner sich Sorgen gemacht hat?

Können Sie Vorteile oder Erfolge nennen, die aus Ihrer Sorge erwuchsen?

Ihre Meinung ist gefragt 22

Sind Sie in der Lage, die eine Sache in Ihrem Leben genau zu bestimmen, die Ihnen die größte Angst und die größten Sorgen verursacht? Schreiben Sie sie bitte auf.

Wie würden Sie diese Sorge beschreiben?
ungesund gesund

Bitte erläutern Sie, warum Sie sich für diese Antwort entschieden haben.

Ihre Meinung ist gefragt 23

Gehen Sie die biblischen Grundsätze zur Bewältigung der Sorge noch einmal durch. Wählen Sie einen oder zwei Gedanken aus, die Ihnen besonders wichtig erscheinen.

Überlegen Sie nun, wie Sie mit Hilfe dieser Gedanken von Ihrer Sorge wegkommen und zu größerer Freiheit und mehr Gottvertrauen gelangen können.

Sind Sie in der Lage, sich zumindest eine Auswirkung vorzustellen, die Vertrauen auf und Zuversicht zu Gott auf die Festigkeit Ihrer Ehe haben könnte, wenn Sie von Ihren Sorgen ablassen könnten? Bitte antworten Sie detailliert.

Wie wollen Sie vorgehen? 8

Lesen Sie die folgenden Bibelverse, und schreiben Sie auf, *was* wir tun sollen und *warum* wir es tun sollen: „... indem ihr alle Sorge auf ihn werft; denn er ist besorgt für euch“ (1. Petrus 5,7).
Was soll ich tun ? ...
Warum soll ich es tun? ...

Wie sollen nach der folgenden Textstelle Angst und Sorge überwunden werden? „Bewährten Sinn bewahrst du in Frieden, in Frieden, weil er auf dich vertraut. Vertraut auf den HERRN für immer!“ (Jesaja 26,3).
Das Wort „Sinn“ bezieht sich auf unsere Vorstellungskraft oder unsere Gedankenwelt. Worüber denken Sie am häufigsten nach?

Lesen Sie den folgenden Bibelabschnitt: „Seid um nichts besorgt, sondern laßt in allem durch Gebet und

Flehen mit Danksagung eure Anliegen vor Gott kundwerden; und der Friede Gottes, der allen Verstand übersteigt, wird eure Herzen und eure Gedanken bewahren in Christus Jesus. Übrigens, Brüder, alles, was wahr, alles, was ehrbar, alles, was gerecht, alles, was rein, alles, was liebenswert, alles, was wohllautend ist, wenn es irgendeine Tugend und wenn es irgendein Lob gibt, das erwägt!" (Philipper 4,6-8).
Notieren Sie Ihre Sorgen: ...
Notieren Sie Ihre eindeutigen Bitten: ...
Führen Sie einige bedenkenswerte Dinge an, die den Aussagen von Vers 8 entsprechen: ...
Wenn Sie sich demnächst wieder Sorgen machen, führen Sie sich Philipper 4,8 vor Augen, und denken Sie an Dinge, die wahr, ehrbar, gerecht, rein, liebenswert, wohllautend sind. Setzen Sie sich mit Ihrem Ehepartner zusammen, und fassen Sie miteinander einen bestimmten Angstauslöser oder eine Sorge ins Auge. Beten Sie darüber, und bedienen Sie sich der oben angeführten Verse, um Ihre Schwierigkeiten und Sorgen zu vergessen.

Kapitel 9

Ihre Meinung ist gefragt 24

Unterstreichen Sie, wie Sie *im allgemeinen* reagieren, wenn es zu einer Auseinandersetzung kommt:
rede unablässig   sage nichts mehr

Führen Sie Gründe an, warum jemand das Schweigen vorziehen könnte: ...

In welchen Situationen sagen Sie lieber nichts?
Warum?

Können Sie das Problem durch Schweigen lösen, oder wird die Kommunikation dadurch auf Dauer besser?

Schreiben Sie nieder, was Sie unternehmen können, um einen schweigsamen Partner zu ermutigen, sich häufiger zu äußern.

Ihre Meinung ist gefragt 25

Notieren Sie mehrere Möglichkeiten, wie Sie Ihrem Zorn Ausdruck verleihen können, ohne sich selbst oder anderen dabei wehzutun.

Geben Sie an, wie Ihr Partner Sie wissen lassen sollte, daß er zornig ist.

Wie können Sie Ihrem Partner klarmachen, daß er seinen Zorn anders mitteilen sollte, als das momentan geschieht?

Ihre Meinung ist gefragt 26

Was machen Sie, wenn Ihr Ehepartner *Sie* angreift und nicht das Problem?

Wenn mein Ehepartner eine Beschuldigung oder eine Behauptung vorbringt, die er nicht belegen kann, sage ich: ...

Wird eine Anklage erhoben, deren Ursache länger als ein halbes Jahr zurückliegt, sage ich: ...

Wenn mein Ehepartner auf Schwiegereltern oder Verwandte anspielt, werde ich ...

Wenn ich auf das äußere Erscheinungsbild meines Ehepartners anspiele, will ich ...

Wird auf mein Erscheinungsbild angespielt, will ich ...

Wenn einer von uns sich zu dramatischen Szenen hinreißen läßt, werde ich ...

Lesen Sie sich Ihre sechs Antworten noch einmal durch. Sind sie positiv oder negativ ausgefallen? Helfen sie Ihrem Partner, oder tun sie ihm weh? Wird Ihre Kommunikation dadurch beim nächsten Mal besser, oder wird sie eher behindert? Sollte sich herausstellen, daß Ihre Antworten negativ und verletzend oder der Kommunikation abträglich sind, sollten Sie sie noch einmal neu formulieren.

Wie wollen Sie vorgehen? 9

Nachfolgend sind die „Zehn Grundsätze zur Bewältigung von Meinungsverschiedenheiten" abgedruckt. Gehen Sie diese noch einmal durch und streichen Sie die weg, die Sie bereits praktizieren. Kennzeichnen Sie in einem zweiten Durchgang die Grundsätze, die Ihnen noch Schwierigkeiten bereiten, weil Ihnen „die Übung fehlt".

Zehn Grundsätze zur Bewältigung von Meinungsverschiedenheiten

1. Gehen Sie einer Auseinandersetzung nicht durch Schweigen aus dem Weg.
2. Sammeln Sie Gefühle nicht wie Rabattmarken.
3. Geben Sie der Beilegung Ihrer Unstimmigkeiten nach Möglichkeit einen passenden Rahmen.
4. Greifen Sie das Problem an, nicht einander:
   - ▷ Belegen Sie Ihre Vorwürfe mit Tatsachen.
   - ▷ Erinnern Sie sich daran zu vergessen.
   - ▷ Sticheln Sie nicht in bezug auf Schwiegereltern oder andere Verwandte.
   - ▷ Machen Sie sich nicht über das Erscheinungsbild Ihres Partners lustig.

▷ Führen Sie keine dramatischen Szenen auf.

5. Werfen Sie mit Ihren Gefühlen nicht wie mit Steinen um sich.
6. Bleiben Sie beim Thema.
7. Begleiten Sie Ihre Kritik mit Lösungsvorschlägen.
8. Sagen Sie niemals: „Niemals tust du dieses oder jenes!“, fangen Sie nicht an zu schreien, und übertreiben Sie nicht.
9. Manipulieren Sie Ihren Partner nicht mit Behauptungen wie: „Ich *allein* bin an allem schuld.“
10. Seien Sie demütig, denn Sie könnten sich im Unrecht befinden.

Sind Sie ein Optimist oder ein Pessimist? Wie erlebt Ihr Ehepartner Sie? (Bitte unterstreichen)
„Großartig!“ „O nein!“
Lernen Sie Philipper 4,8.9 auswendig, nachdem Sie den Text im Zusammenhang gelesen haben.

Führen Sie mindestens drei Verhaltensänderungen an, die Sie aufgrund der oben genannten „Zehn Grundsätze“ in der nächsten Zeit anstreben.

Setzen Sie sich mit Ihrem Partner zusammen, und tauschen Sie sich über die Erkenntnisse aus, die Sie aus den obigen Aufgaben gewonnen haben. Vorsicht: Beziehen Sie die Grundsätze auf *sich selbst*, und gehen Sie nicht davon aus, daß es sich um Probleme handelt, die in erster Linie Ihren Partner betreffen. So etwas könnte in einer Unstimmigkeit (einem Streit) über dieses Kapitel enden, was auf keinen Fall beabsichtigt ist. Beherzigen Sie im Falle eines Falles die „Zehn Grundsätze“, und streiten Sie sich fair! Viel Erfolg!

Ihre Meinung ist gefragt 27

Erläutern Sie, was es für Sie im Hinblick auf Ihren Ehepartner bedeutet, „Nachsicht zu üben, weil Sie sich lieben".
Erläutern Sie, was es für Sie im Hinblick auf Ihren Ehepartner bedeutet, „die Interessen anderer" wahrzunehmen und sich damit zu beschäftigen.

Ihre Meinung ist gefragt 28

Schreiben Sie auf, was Ihr Partner Ihrer Meinung nach über die folgenden Aufgaben und Begriffe denkt:

- die Aufgaben des Ehemannes
- die Aufgaben des Vaters
- die Aufgaben der Ehefrau
- die Aufgaben der Mutter
- häusliche Aufgaben von Mann und Frau
- Politik
- die Frauenbewegung
- Sex
- die Bedeutung einer kreativen Betätigung außer Haus für den Ehemann
- die Bedeutung einer kreativen Betätigung außer Haus für die Ehefrau
- gemeinsame Erholung als Ehepaar/Familie

Vergleichen Sie Ihre Notizen, und sprechen Sie über das, was Sie nur angenommen haben, und das, was den Tatsachen entspricht.

Ihre Meinung ist gefragt 29

Versuchen Sie es in den nächsten Tagen einmal mit folgendem Experiment. Dazu benötigen Sie und Ihr Ehepartner eine halbe Stunde Zeit ohne Unterbrechung. Zunächst hat die Frau fünf Minuten Zeit, über alles zu reden, was sie gern möchte. In diesen fünf Minuten muß der Mann zuhören; er selbst darf nichts sagen und muß versuchen, mit seinen Gedanken bei dem zu bleiben, was seine Frau ihm erzählt. Er sollte nicht mit offenen Augen träumen, sich auch keine Antwort auf die Worte seiner Frau zurechtlegen. Nach Ablauf der fünf Minuten werden die Rollen gewechselt. Jetzt redet der Ehemann, und die Ehefrau hört zu. So geht es weiter, bis jeder Ehepartner dreimal zugehört und dreimal geredet hat. Sprechen Sie am Ende der dreißig Minuten über die Reaktionen und Gedanken, die ein solches Vorgehen bei Ihnen auslöst. Wie können Sie dieses Experiment auf Ihr gewöhnliches Kommunikationsverhalten übertragen?

Ihre Meinung ist gefragt 30

Führen Sie fünf Dinge an, die sich bei Ihrem Partner trotz Ihres ständigen Forderns (oder Nörgelns) bislang kein bißchen verändert oder gebessert haben. Warum möchten Sie, daß Ihr Partner sich in diesen Bereichen verändert? Würde er durch die Änderung des Verhaltens bzw. Bewußtseins den Ansprüchen der Bibel näherkommen? Wie könnten Sie Ihren Partner sonst noch dazu bewegen, sich zu ändern, ohne daß Sie das „dauernd erwähnen" (nörgeln)?

Führen Sie fünf Dinge an, die sich bei Ihnen trotz ständigen Mahnens und Nörgelns seitens Ihres Partners nicht verändert haben, weil Sie sich nicht ändern konnten oder wollten.

Welche dieser fünf Dinge, die sich bei Ihnen nicht verändert haben, hätten Sie ablegen können, wenn das Ihr *aufrichtiger* Wunsch gewesen wäre?

Schauen Sie sich die Antwort, die Sie eben gegeben haben, noch einmal an. Erläutern Sie detailliert, warum Sie den Wünschen Ihres Partners in bezug auf eine Veränderung nicht nachgekommen sind. Sind Ihre Gründe stichhaltig? Haben Sie aufrichtig über die Entscheidung gebetet, diese Veränderungen nicht vorzunehmen? Würden Sie durch die gewünschten Veränderungen der biblischen Lehre eher gerecht?

Gehen Sie zu den fünf Punkten zurück, die sich bei Ihrem Partner bislang nicht geändert haben. Führen Sie die Gründe an, warum Ihr Partner sich Ihrer Meinung nach nicht so verändert, wie Sie es ständig von ihm verlangen.

Ihre Meinung ist gefragt 31

Denken Sie an Situationen, in denen Sie in der letzten Woche die Vorstellungen, Meinungen oder Überzeugungen Ihres Ehepartners wirklich respektiert haben.

Denken Sie an Situationen, in denen Sie in der letzten Woche die Vorstellungen, Meinungen oder Überzeugungen Ihres Ehepartners nicht geachtet haben.

Sprechen Sie mit Ihrem Partner über „das gegenseitige Respektieren der Meinungen des anderen". Sind Entschuldigungen angebracht, entschuldigen Sie sich. Sind Dankbarkeit und Komplimente angebracht, weil Sie einander achten, halten Sie sich auch damit nicht zurück! Denken Sie daran: „... ein Wort zu seiner Zeit, wie gut!" (Sprüche 15,23).

Wie wollen Sie vorgehen? 10

Setzen Sie sich mit Ihrem Ehepartner zusammen, und sprechen Sie über die in Kapitel 10 genannten Regeln. Gehen Sie beide die Verpflichtung ein, diese in Zukunft zu beherzigen. Kommen Sie überein, sich gegenseitig Rechenschaft abzulegen, und legen Sie eine Strategie fest, wie Sie Ihre Fortschritte beobachten und bewerten können.

Wie wollen Sie sich verhalten, wenn einer von Ihnen die Regeln bricht? Legen Sie für einen solchen Fall eine Verfahrensweise fest, der Sie beide zustimmen können.

Befassen Sie sich mit den „Richtlinien für die Kommunikation in der Ehe", die Sie auf der folgenden Seite finden. Gehen Sie alle zehn Punkte und die entsprechenden Bibelverse durch, und setzen Sie sich im Gespräch damit auseinander. Andere Richtlinien, die Ihnen beim Lesen dieses Buches aufgefallen sind, können Sie natürlich noch hinzufügen. Versuchen Sie, diese Prinzipien in die Tat umzusetzen und in Ihrer Ehe danach zu leben.

Richtlinien für die Kommunikation in der Ehe

(Sprüche 18,21; 25,11; Hiob 19,2; Jakobus 3,8-10; 1. Petrus 3,10)

1. Seien Sie ein bereitwilliger Zuhörer, und antworten Sie erst dann, wenn Ihr Gegenüber aufgehört hat zu reden (Sprüche 18,13; Jakobus 1,19).
2. Denken Sie nach, ehe Sie voreilig etwas sagen. Reden Sie so, daß Ihr Gesprächspartner das Gesagte verstehen und annehmen kann (Sprüche 15,23.28; 21,23; 29,20; Jakobus 1,19).
3. Sagen Sie stets die Wahrheit, doch tun Sie es in Liebe; übertreiben Sie nicht (Epheser 4,15.25; Kolosser 3,9).
4. Entmutigen Sie Ihren Gesprächspartner nicht durch Schweigen. Erklären Sie ihm, warum Sie zum entsprechenden Zeitpunkt so wortkarg sind.
5. Streiten Sie sich nicht; man kann verschiedener Meinung sein, ohne sich gleich zu streiten (Sprüche 17,14; 20,3; Römer 13,13; Epheser 4,31).
6. Reagieren Sie nicht zornig; verhalten Sie sich sanft und freundlich (Sprüche 14,29; 15,1; 25,15; 29,11; Epheser 4,26.31).
7. Geben Sie es zu, wenn Sie im Unrecht sind, und bitten Sie um Verzeihung (Jakobus 5,16). Bekennt Ihnen gegenüber jemand eine Schuld, so vergeben

Sie ihm auch. *Vergessen* Sie die Angelegenheit, und bringen Sie sie nicht noch einmal zur Sprache (Sprüche 17,9; Epheser 4,32; Kolosser 3,13; 1. Petrus 4,8).

8. Nörgeln Sie nicht (Sprüche 10,19; 17,9; 20,5).

9. Suchen Sie die Schuld nicht beim anderen, und kritisieren Sie ihn nicht. Bauen Sie ihn statt dessen auf, und ermuntern Sie ihn (Römer 14,13; Galater 6,1; 1. Thessalonicher 5,11). Greift jemand Sie mit Worten an, kritisiert Sie oder sucht die Schuld bei Ihnen, zahlen Sie es ihm nicht mit gleicher Münze heim (Römer 12,17.21; 1. Petrus 2,23; 3,9).

10. Versuchen Sie, Verständnis für die Meinung des anderen aufzubringen. Lassen Sie Unterschiede gelten. Interessieren Sie sich für die Belange des anderen (Philipper 2,1-4; Epheser 4,2).

Anmerkungen

Einleitung

1 Richard Lessor, *Love, Marriage and Trading Stamps,* Argus Publications 1971, 7.
2 Charles Shedd, *Letters to Phillip,* Spire Books 1969, 82f.

Kapitel 1

1 J.A. Fritze, *The Essence of Marriage,* Zondervan 1969, 24.
2 David Augsburger, *Cherishable: Love and Marriage,* Herald Press 1971, 16.
3 Dwight Small, *After You've Said I Do,* Fleming H. Revell 1968, 11.16.
4 ebd., 51.
5 ders., *Design for Christian Marriage,* Fleming H. Revell 1959, 26.

Kapitel 2

1 Dwight Small, „What Did St. Paul Want?“ *His* Magazine, Mai 1973, 18.
2 Gladys Hunt, ebd., 14.

Kapitel 3

1 Nathan W. Ackerman, *The Psychodynamics of Family Life,* Basic Books 1958, 110–115.
2 James Jauncey, *Magic in Marriage,* Zondervan 1966, 110.111.
3 Lionel A. Whiston, *Are You Fun to Live With?* Word Books 1968, 126.127.
4 William L. Coleman, „Spousehold Hints ... His ... Hers", *Moody Monthly,* Februar 1973, 47.
5 David Augsburger, *Be All You Can Be,* Creation House Publishers 1970, 74.75.

Kapitel 4

1 Reuel Howe, *Herein is Love,* Judson Press 1961, 100.
2 Nach Dwight Small, *After You've Said I Do,* s.o., 106.107.112.
3 Nach Cecil Osborne, *The Art of Understanding Yourself,* Zondervan 1967, Kapitel 9.

Kapitel 5

1 John Powell, *Why Am I Afraid to Tell You Who I Am?* Argus Communications 1969, 54–62.
2 Dwight Small, *After You've Said I Do,* s.o., 244.

Kapitel 6

1 William C. Menninger, „Behind Many Flaws of Society", *National Observer,* 31. August 1964, 18.
2 Spiros Zodhiates, *Pursuit of Happiness,* Eerdmans 1966, 270.

3 David Augsburger, Be All You Can Be, s.o., 60.
4 John Powell, s.o., 155.
5 William C. Menninger, s.o., 18.
6 David Augsburger, Be All You Can Be, s.o., 31.32.

Kapitel 7

1 James A. Hadfield, *Psychology and Morals,* Barnes and Noble Inc. 1964, 35.
2 Nach John Powell, s.o., 91.92.
3 Robert McFarland und John Burton, *Learning for Loving,* Zondervan 1969, 93.
4 Dwight Small, *After You've Said I Do,* s.o., 75.
5 Virginia Satir, Familienbehandlung. Kommunikation und Beziehung in Theorie, Erleben und Therapie, Lambertus-Verlag 1973, 85.86
6 Howard J. Clinebell, *The Intimate Marriage,* Harper & Row 1970, 99.
7 Dwight Small, *After You've Said I Do,* s.o., 137.154.

Kapitel 8

1 John Edmund Haggai, *How to Win over Worry,* Zondervan 1959, 17.
2 Lionel A. Whiston, s.o., 141.142.
3 Bruce Larson, *Unterwegs zu neuen Zielen,* R. Brockhaus Verlag 1973, 35.
4 Dwight Small, *After You've Said I Do,* s.o., 79.

Kapitel 9

1 Nach Albert Ellis und Robert Harper, *Creative Marriage,* Lyle Stuart 1961, 190.191.
2 Howard J. Clinebell, s.o., 93.
3 John Edmund Haggai, s.o., 63.64.

Kapitel 10

1 Dorothy Briggs, *Your Child's Self-Esteem: the Key to His Life*. Doubleday und Co., 3.
2 John Drakeford, *Games Husbands and Wives Play,* Word Publishers 1970, 73.
3 Paul Tournier, *Verstehen und schenken. Wege zu einer glücklichen Partnerschaft,* Herder 1976, 60.61.
4 Fritz Ridenour, *How to Be a Christian Without Being Religious,* Regal Books 1967, 147.148.
5 ebd., 126.
6 Paul Tournier, *Krankheit und Lebensprobleme,* Benno Schwabe & Co. Verlag 1955, 95.96.
7 Dwight Small, *After You've Said I Do,* s.o., 81.
8 ebd., 235.

Ed Wheat
Liebe ist Leben

Welches Ehepaar kennt die Situation nicht: Über irgendeinen Punkt hat es Streit gegeben, man ist sich uneinig, möchte den Weg zurück zu der ersehnten Harmonie finden, doch keiner der beiden tut den ersten Schritt.
Aber Liebe ist erlernbar! Egal, ob Sie untereinander zerstritten sind, sich gleichgültig gegenüberstehen oder miteinander glücklich sind: Ihre Beziehung kann auf jeden Fall verbessert werden!
Der Autor, ein erfahrener Arzt, Seelsorger und Eheberater, führt gründlich in den Lernprozeß der Liebe ein. Ohne Einschränkung informiert er den Leser über die verschiedenen Arten der Liebe (z.B. kameradschaftliche, fürsorgliche, romantische Liebe) und geht besonders auf deren Grundlage – die Liebe Gottes zu uns Menschen – ein.
256 Seiten
Taschenbuch
Bestell-Nr. 15 670

Eberhard Mühlan

Wir halten zusammen!

Wie Ehepaare Krisen bewältigen

Mit großer Offenheit berichten junge und ältere Paare in diesem Buch von ihren ehelichen Problemen: Entfremdung, mangelnde Wertschätzung und Romantik, Kommunikationsprobleme, überzogene Selbstverwirklichung, sexuelle Schwierigkeiten, seelische Verletzungen aus der Vergangenheit u.a. Die Ehepaare schildern, mit welchen Lernschritten und Glaubenserfahrungen sie die Krisen bewältigten und zu einem harmonischen Eheleben fanden.

Bemerkenswert ist, daß die meisten dieser Ehepartner nicht mehr zusammenleben würden, hätten sie nicht zum lebendigen Glauben an Jesus Christus gefunden.

Im letzten Teil wertet der Autor die Berichte aus, umreißt die Gefahren, die aus der ehelichen Treue locken können, und zeigt dem Leser eine mutmachende Strategie, um ein Leben lang in den eigenen Ehepartner verliebt zu bleiben.

Das Buch wendet sich nicht nur an Paare, die Ehekrisen überwinden oder möglichst von vornherein vermeiden wollen. Es ist auch für Menschen geschrieben, die vor der Ehe stehen, denn viele Fehler, die später das Zusammenleben belasten würden, lassen sich vermeiden – wenn man die Warnsignale rechtzeitig erkennt und entsprechend handelt!

192 Seiten

Paperback

Bestell-Nr. 15 082

Eberhard Mühlan

Ehe und Familie in der Zerreißprobe

Der antichristliche Angriff auf die Ehe

Ohne zu übertreiben, kommt der Autor zu dem Schluß, daß Ehen und Familien in der Bundesrepublik in die Krise geraten sind. Allgemeine Kinderfeindlichkeit, Abtreibungsrekorde, die von der Allgemeinheit finanziert werden, ständig steigende Scheidungsraten, besorgniserregende Entwicklungen des staatlichen Erziehungssystems – dies sind unter anderem die Symptome einer gefährlich erkrankten Gesellschaft. Eberhard Mühlan weist nach, daß alles so kommen mußte. Ausgelöst wurde der erdrutschartige Wandel der Werte durch die Aufklärung, durch emanzipatorische Pädagogik, durch Ideologien, die den Ideologen, aber nicht den Menschen dienen. Vorhergesagt wurde dieser Wandel und seine schrecklichen Konsequenzen in den Endzeitprophetien der Bibel.

Und in diesem Buch findet der Autor auch die Lösung! Nur die Hinwendung zu dem gnädigen und liebenden Gott wird die Flut des moralischen Verfalls wenigstens eindämmen können. Nur Menschen, die nach biblischen Werten leben, werden sich in einer schlimmer werdenden Zeit behaupten können.

176 Seiten

Paperback

Bestell-Nr. 15 373

Tim LaHaye

Aufklären – aber wie?

Ein Ratgeber für Eltern

Irgendwann wird sich jemand finden, der unsere Kinder aufklärt, in der Schule, auf der Straße, in den Medien – wenn wir es nicht selbst tun!
Aber viele Eltern sind unsicher und ratlos: Was darf, ja, was muß das Kind wissen? Woher bekomme ich Informationen, die mir fehlen? Wie reagiere ich, wenn das Kind von sich aus Fragen stellt?
Mit diesem rundum praktischen Buch will Tim La-Haye christlichen Eltern alles an die Hand geben, was sie zur Sexualaufklärung ihrer Kinder benötigen. In verständlicher Sprache erklärt er, was ein Kind in den verschiedenen Altersstufen vom Baby zum Teenager verstehen kann und wissen sollte. Zeichnungen und Erläuterungen sind so aufbereitet, daß sie dem Kind gezeigt bzw. von Vater oder Mutter in eigenen Worten wiedergegeben werden können. Ein Kapitel ist der Beantwortung von Fragen des Kindes zu Themen wie Abtreibung, Geburtenkontrolle, Menstruation, Homosexualität usw. gewidmet. Ein Fachwortverzeichnis vervollständigt den hohen Nutzen dieses Buches für eine sachkundige, wirksame und rechtzeitige Sexualaufklärung.

240 Seiten
Paperback
Bestell-Nr. 15 171

Tim und Beverly LaHaye
Wie schön ist es mit dir

„Wer das sexuelle Gebiet ein ‚heikles Problem' nennt, kritisiert den Schöpfer und bezichtigt ihn, ‚heikle Dinge' geschaffen zu haben. Die Autoren – in Seelsorge und Eheberatung erfahren – greifen die häufigsten sexuellen Probleme auf. Offen und detailliert, aber nicht schamlos, sezieren sie die Ursachen und lassen niemals die seelsorgerliche Komponente, die Beziehung zum lebendigen Gott, außer acht. Für bewußte Christen ist dieses Buch ein hilfreiches Nachschlagewerk. Ich kann es meiner Tochter empfehlen." (aus dem Vorwort von Reinhold Ruthe, Eheberater).

In unserer Zeit der sexuellen Reizüberflutung zeigt dieses Buch, wie man sich nach göttlichen Maßstäben und Grundsätzen an der Sexualität als einer Gabe Gottes freuen kann. Es hilft auch, die Bedürfnisse des Ehepartners zu erkennen und zu verstehen.

„Angesichts der vielen unglücklichen Ehen – auch unter Christen – sind wir der Meinung, daß es schade ist, daß ein solches Buch nicht schon viel früher geschrieben wurde." (Gisela und Volker J.)

Pastor Dr. Tim LaHaye (USA) ist Direktor des Family Life Seminars und Direktor des Christian Heritage College. Er ist verheiratet und hat vier erwachsene Kinder.

288 Seiten
Taschenbuch
Bestell-Nr. 15 509